中小学生思维导图学习读物

思维导图
学习中的好伙伴

编　著：张鹏生

现代教育出版社

图书在版编目（CIP）数据

思维导图：学习中的好伙伴 / 张鹏生编著 . —北京 ： 现代教育出版社，2016.3
ISBN 978 - 7 - 5106 - 3805 - 3

Ⅰ. ①思…　Ⅱ. ①张…　Ⅲ. ①中小学—学习方法　Ⅳ. ①G632. 46

中国版本图书馆 CIP 数据核字（2016）第 058899 号

思维导图——学习中的好伙伴

编　　著：张鹏生
责任编辑：王春霞　刘兰兰
封面设计：程　霞
出版发行：现代教育出版社
地　　址：北京市朝阳区安华里 504 号 E 座
邮政编码：100011
电　　话：(010) 64251036
传　　真：(010) 64251256
印　　刷：廊坊市圣轩印刷有限公司
经　　销：全国各地新华书店
开　　本：787mm × 1092mm　1/16
印　　张：8
字　　数：208 千字
版　　次：2016 年 3 月第 1 版
印　　次：2016 年 4 月第 1 次印刷
书　　号：ISBN 978 - 7 - 5106 - 3805 - 3
定　　价：38. 00 元

前 言
Introduction

　　思维导图是一种简单、高效、形象化的思维工具和学习工具，被誉为人的"大脑使用说明书"。思维导图自诞生以来，一直受到全世界各类学习者和社会精英的青睐和广泛使用。现在，西方许多国家都将思维导图这一重要工具引进了中小学课堂。

　　思维导图在我国的推广起步较晚，但现在发展速度很快。许多地方，特别是北京、上海、江苏等地，在中小学教学过程中使用和推广思维导图已经成为一种新的发展趋势。

　　为了更好地满足广大学习者的要求，帮助同学们尽快掌握思维导图这一高效的思维工具和学习工具，我们编写了这本小册子。

　　本书是一本面向思维导图初学者的学习教材。它贴近教育实际，挖掘基础问题，为同学们深入浅出地讲解了思维导图在各学习环节中的应用。

　　本书从认识思维导图开始，介绍了思维导图的绘制方法和技巧，并详细介绍了思维导图如何在同学们做计划、预习、笔记、解题、作文和梳理知识等各个方面中应用，为同学们规划学习生活、改进思维方式、提高学习成绩提供了行之有效、用之可靠的途径和方法。本书最后还介绍了思维导图软件的使用方法，为同学们在信息化的今天能更好地运用思维导图提供了帮助。

　　本书语言精炼，浅显易懂，图文并茂，引人入胜。在讲解具体内容时候，编者均是从同学们实际的学习生活出发，贴近教材和课程，所用实例均为同学们常见和熟悉的内容。本书完全"从零开始"进行讲解，哪怕以前从未听说过思维导图的同学，阅读本书也毫无障碍。

由于本书是思维导图初级班的学习教材，因此，全书更加偏重实用性和操作性，从不同的学习方面进行阐述，并注重讲练结合。每一课内容的后面，都配有"本课练习"，供同学们巩固所学知识。

"纸上得来终觉浅，绝知此事要躬行。"思维导图终归是一门实践性极强的工具，同学们在学习过程中一定要多思考、多动手。只有在阅读学习的基础上多加练习，才能更快更好地掌握运用思维导图的方法和技巧。

有耕耘就会有收获。正所谓"磨刀不误砍柴工"，掌握了思维导图，就如同拥有了"点石成金"的"金手指"，能让你在学习中如鱼得水、事半功倍。"不忘初心，方得始终"，希望同学们在学习的过程中用心前行，掌握实用的方法，收获学习的快乐。

祝同学们学习进步！

张鹏生

2016 年 1 月 22 日

目 录
Contents

第十课　用思维导图梳理知识 / 81

第十一课　思维导图软件的使用 / 88

第十二课　养成用思维导图的习惯 / 100

第一课 | 认识思维导图

同学们可能听说过思维导图。那么，究竟什么是思维导图呢？它又是怎么产生的呢？思维导图到底有些什么作用？在这节课里，我们将带领同学们去认识思维导图。

一 思维导图是什么

同学们在学校中上课，平时身边最熟悉的一定是我们敬爱的老师们。如果让你介绍自己的老师，你会用什么样的形式介绍呢？图1-1就是一位小学生为了介绍自己老师而画的图，是不是很清晰明了呢？

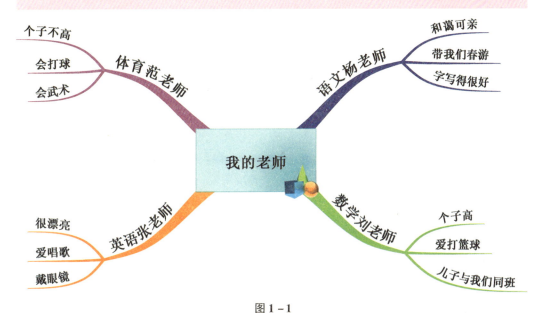

图1-1

图1-1就是一张典型的思维导图。概括来讲，思维导图是发散型思维的自然表达，是人的"大脑使用说明书"，是人类思想的第二次进化。

北京师范大学赵国庆博士在 2012 年给思维导图下的定义是：思维导图是一种以促进思维激发和思维整理为目的的，可视化的非线性思维工具。

在本书里，我们把思维导图定义为一种简单、**高效、形象化的思维工具和学习工具**。

从上面图 1-1 我们发现，思维导图是一个人发散型思维过程的自然表达。它是一张图画，有彩色线条相连，线条还分级，有粗有细，线条上还有文字。这些都是思维导图的特征。请看例图 1-2。

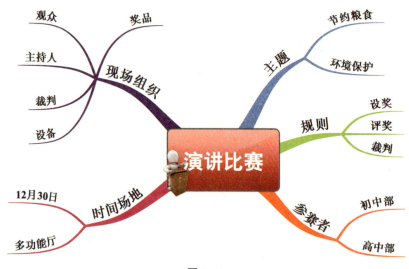

图 1-2

思维导图的应用非常广。世界上很多国家和地区如英国、美国、加拿大、澳大利亚、日本、韩国、新加坡等都将思维导图引入了中小学课堂，成为师生教学时必须要用的思维工具和学习工具。除教学领域外，社会上各行各业的管理人员和社会精英，如李嘉诚、比尔·盖茨等都在使用思维导图。

美国的《时代》周刊曾评价说：思维导图对人脑的贡献就像霍金对宇宙的贡献那么大。

二　思维导图的诞生

1. 发明人——东尼·博赞

东尼·博赞，1942 年生于英国伦敦，1964 年毕业于英国哥伦比亚大学，获得心理学、英语语言、数学、一般科学等数个学位。他是英国大脑基金会总裁，世界著名心理学家、教育学家。他曾因帮助查尔斯王子提高记忆力而被誉为英国的"记忆力之父"。他发明的"思维导图"这一简单易学的思维工具正被全世界6亿人使用。

作为人类大脑潜能与学习法研究专家，博赞先后受聘在英国、新加坡、墨西哥、澳大利亚等国政府机构、教育机构以及迪斯尼、微软、IBM、甲骨文、惠普等众多知名跨国企业担任顾问。到目前为止，他已出版各类著作八十余部，主要有"思维导图"系列图书等。其作品在世界一百多个国家以30种语言出版，累计销量突破1000万册。

博赞还因"最大的课堂"而闻名。这是因为他曾经在南非的索韦托，连续三天，同时给2000个十几岁的孩子上课。还有一次，他在斯温顿举办的"英国大脑日"活动中同时给4000个孩子上课。最近他又创造了一天之中教授最多学生的世界记录：他在一天中，通过卫星电视，同时给在英国和美国10个不同地方的孩子们上课，每个分会场是10000人，合计共10万人。

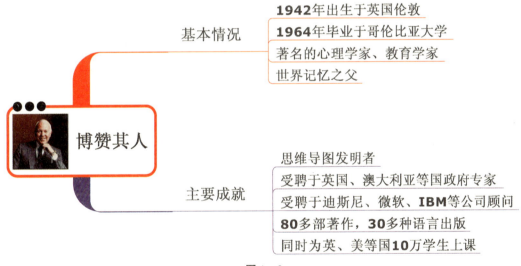

图 1－3

2. 诞生过程

（1）对记忆的兴趣

距今几十年前的一个早晨，英国哥伦比亚大学的教室里坐满了七嘴八舌的学生。今天是他们第一次上某教授的课程，大家都对这位未曾谋面的老师充满了好奇。当教授走进教室后，大家立刻开始品头论足。

教授并没有急于讲课，他环顾了一下窃窃私语的学生，然后从容镇定地点起这些学生的名字来。在大学里，老师点名不是什么新鲜事，但是不拿名单点名就比较罕见，第一次和学生见面就不拿名单点名更是闻所未闻、见所未见，因为这意味着：老师必须要把全班同学的名字全部记下来。如果你曾经忘记过别人的名字，就应该明白这是一件多么艰难的任务。

教授超强的记忆力引起了学生们的惊呼和赞叹。他们简直不敢相信，教授竟然在未与他们见面的情况下就能记住他们的名字！更让人吃惊的事情还在后面。教授不但能够说出在座每一位同学的名字，还能说出他们来自哪个地方，曾经就读于哪个学校。

太神奇了！教授是怎么做到的？在大家的疑惑和好奇中，教授开始讲课。毫无疑问，整堂课学生们的表现特别好。课后，一位学生找到了教授，他想知道如何能像教授一样拥有神奇的记忆力。教授笑笑说，没什么，我的记忆力天生就这么好。

对于一般人来说，这个答案也无可厚非。可是这位学生特别有韧性，只要看到这位教授，他就会询问如何提高记忆力的事情。最终，这位教授终于被学生的诚意和坚持打动了。他承认自己并不是天生就拥有这么好的记忆力。之所以能记住学生的名字，是因为他使用了一种特别的记忆方法。随后，教授把这种方法传授给这名学生。而这个学生的名字就是"东尼·博赞"。

（2）借书的经历

东尼·博赞认为记忆一定与大脑有关，并对人类的大脑产生了浓厚的兴趣，他关注的是如何使用人的大脑。上大学二年级时，博赞来到图书馆，希望借到一本关于大脑使用的说明书。

但图书管理员的回答让东尼·博赞非常失望，因为她给博赞提供的都是一些医学解剖类的书籍。也许她以为博赞想要剖开某人的大脑。

我们常说挫折之中往往隐藏着机会。东尼·博赞就是那种善于寻找和把握机会的人。他从图书馆走出来后，不但没有沮丧，反而感觉到很高兴：既然目前还没有人研究该如何使用大脑，那么这个领域正好可以由自己来填补。

（3）对笔记的研究

从此以后，博赞开始大量阅读与大脑和心理学有关的书籍，并对如何提高人类的学习能力进行了大量的研究。他发现记忆是提高学习能力的关键。

而传统的笔记方式是导致记忆效率低下的罪魁祸首。于是，他决定从研究人们的学习笔记入手对学习方法加以改造。他研究了达·芬奇、爱因斯坦等许多名人的学习笔记，从中发现了一些规律：原本没有颜色的笔记被添加了颜色，大段大段的文字被简化成寥寥数字的关键词。分类处理后的信息被放置在网状结构之中，并加入了图形作为记忆强化的工具。于是，"思维导图"在博赞的头脑中就有雏形了。

（4）兼职家教

大家都不会想到，博赞毕业后的第一份工作竟然是去农场铲粪。

铲粪并不是一份很有前途的工作，它带来的收入十分微薄，而且社会地位也不是很高。你很难想象有人会把"铲粪工人"的头衔印制在自己的名片上。

正因为如此，东尼·博赞成名后的很长一段时间都没有提及过这段历史。直到他在业界的地位已经无人能够企及，才敢于自揭家底，展露那段对他来说不堪回首的历史。

就像中国的先贤老子说的那样，"福兮祸之所伏，祸兮福之所倚"。命运在给东尼·博赞一只大柠檬的同时，也给了他酿制柠檬汁的机会。为生活所迫的东尼·博赞找到了一份兼职工作，尽管这份工作也不是十分体面，但收入却比铲粪好多了。这份工作就是后来让东尼·博赞声名鹊起的"家教"。

教小孩子肯定不是东尼·博赞的梦想，但事后证明，这却是他通往世界级大脑专家的第一步。在做家教的过程中，东尼·博赞充分运用了他在大学中曾经学习到的笔记方法。简单地说，他通过教孩子们写笔记来提高他们的成绩。

对东尼·博赞来说，这些学生不仅仅是他的顾客，也是他的"试验田"。他尝试着用不同的方法对这些孩子进行教学，并比较不同学习方法之间哪一种更有效。

东尼·博赞的心思没有白费，很快他发现了颜色在学习中的巨大作用。然后，分类思想和关键词的作用也逐渐凸显出来。当孩子们在无意的涂鸦中获得巨大的快乐和惊人的记忆效率时，东尼·博赞完成了思维导图的最后一个关键部分。这些新想法被整合在一起，形成一种全新的学习工具。东尼·博赞把它命名为"思维导图"。

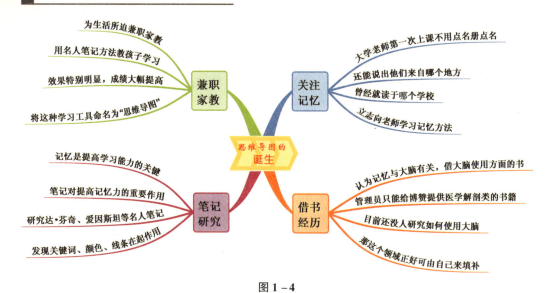

为生活所迫兼职家教
用名人笔记方法教孩子学习
效果特别明显，成绩大幅提高
将这种学习工具命名为"思维导图"

兼职家教

大学老师第一次上课不用点名册点名
还能说出他们来自哪个地方
曾经就读于哪个学校
立志向老师学习记忆方法

关注记忆

思维导图的诞生

记忆是提高学习能力的关键
笔记对提高记忆力的重要作用
研究达·芬奇、爱因斯坦等名人笔记
发现关键词、颜色、线条在起作用

笔记研究

认为记忆与大脑有关，借大脑使用方面的书
管理员只能给博赞提供医学解剖类的书籍
目前还没人研究如何使用大脑
那这个领域正好可由自己来填补

借书经历

图 1 - 4

三 思维导图的作用

思维导图是一种简单、高效、形象化的思维工具和学习工具。它能巧妙地帮助同学们用较少的时间学完课程，完善知识结构，精准把握重点、难点，培养快速阅读能力和超强的记忆能力，迅速提高解题能力和写作能力，从而达到提高学习效率、激发思维创造、提高思维品质的目的。

1. 提高学习效率

思维导图能通过大量地节省学习时间、提高记忆水平来帮助我们提高学习效率，我们用一个例子来说明。

下面是一组描写人物的成语，请同学们在一分钟的时间，看你最多能记住多少。

眉清目秀	足智多谋	跋山涉水	滔滔不绝	婀娜多姿
融会贯通	昂首阔步	高谈阔论	亭亭玉立	博古通今
拳打脚踢	料事如神	手舞足蹈	口若悬河	扶老携幼
妙语连珠	鹤发童颜	才华横溢	夸夸其谈	虎背熊腰

请大家再看下面这个图，图中所列的成语与上面一样，也看一分钟，看

你最多能记住多少。

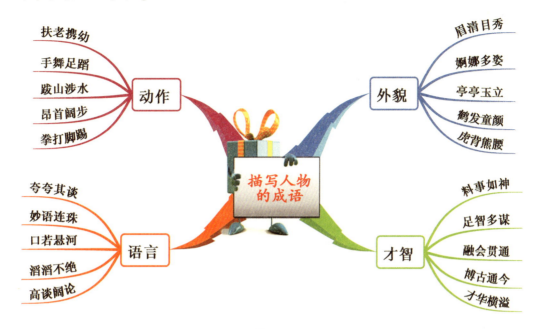

图 1 - 5

比较一下，这两种方式中，哪种方式记得多、记得快、记得准呢？很显然是后者。

　　现在，随着网络时代的到来，同学们需要学习的东西越来越多，学业负担越来越重。如何在有限的时间里提高学习效率，从以上的实例我们会发现，思维导图确实能帮你。

　　思维导图使用了图像、颜色、线条和关键词，把某些知识重点、知识网络利用图像进行呈现、标注和整理。它充分地利用了人的大脑对不同信息的收集、存储和处理功能为我们的学习服务，从而使我们的学习效率成倍提升。

2. 激发思维创造

　　思维导图是一种以促进思维激发和思维整理为目的的思维工具，特别是在激发人们创造性思维方面有着重要的作用。

　　思维导图的主题确定下来后，与主题有关的联想由此产生，这就像一把钥匙，瞬间打开了我们大脑里千万个信息存储空间。通过联想不断产生新的思路、新的想法，新的创意，从而提高我们的创新思维能力。

　　思维导图的基本结构是由中心主题向四周延伸出几个主题分支，在每个主题分支后面，再延伸出子主题……这种层级状排布及放射性思维方式，更有利于同学们在思考所学习的课程内容时，对所学知识进行分类、总结、提炼，对记录的知识点及时进行补充和完善。学生完成这项工作时，在对知识点的分类和处理中提高了自己的组织管理能力，同时又锻炼和强化了知识结构化思考问题的能力，做事更容易抓住重点与关键。

　　同学们在以后的学习过程中，会感受到思维导图在各学习环节中的广泛应用，不但是预习、笔记、作文、复习考试可以使用思维导图，而且还可以利用思维导图的层级使自己的表述条理分明，逻辑性强，从而提高语言表达能力。

　　思维导图在时间管理、计划安排、活动组织、加速个人成才成功等方面，已经创造出了无数精彩的故事与案例。

3. 提高思维品质

　　思维导图是人类大脑使用的"说明书"，它能将人们的思维可视化，这就为我们优化思维过程和提高思维品质提供了可能。

　　人们在工作、学习、生活中每逢遇到问题，总要想一想，这种想，就是思维。它是通过分析、综合、概括、抽象、比较、具体化和系统化等一系列过程，是对感性材料进行加工并转化为理性认识以解决问题的过程。我们常说的概念、判断和推理是思维的基本形式。无论是学习活动，还是人类的一切发明创造活动，都离不开思维，思维能力是学习能力的核心，培育高品质的思维是我们最重要的学习任务之一。

　　传统的笔记中仅仅包含了单一的颜色和文字符号，只是使用了左脑的功能。而人们在利用思维导图做笔记时，则不但使用了文字、符号、逻辑等属于左脑的功能，同时也启动了图像、颜色、线条等右脑的功能。经常使用思维导图有利于全脑开发、激发大脑潜能，促使左右脑的作用都发挥出来。

　　绘制思维导图的过程本身是一个对知识进行再加工的创造过程，一张思维导图就是一副画，大量色彩、图像、关键词的使用，更多感官投入与使用，使学习过程变得活泼有趣。这个过程可以增强左脑和右脑之间的神经联结，激发大脑的想象力和创造力，而创造力和想象力不仅仅是记忆力提高的基础，更是人类文明进步的基石。

在运用思维导图学习的过程中，思维活动的反应变得更快捷，思考问题变得更灵活，思维方向变得更准确，这样就有利于使用者迅速和准确地做出决定、解决问题，从而提高他们思维的敏捷性。

运用思维导图能提高思维活动的逻辑推理水平，使同学们能够全面理解概念，周密分析问题，善于抓住事物的本质和规律，从而提高思维的深刻性。

用思维导图学习可以帮助我们把握问题的各个方面，同时又不忽视其重要细节。用思维导图考虑问题，总是可以从整体出发，能够很好地处理整体与局部关系，从而提高了思维的整体性。

思维的敏捷性、深刻性、整体性等品质都是人们思维的优良品质，坚持使用思维导图确实能提高我们的思维品质。

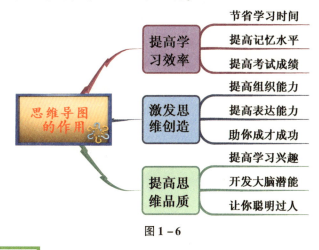

图 1-6

本课练习

1. 你认为什么是思维导图？
2. 和你的家人说说思维导图是怎么诞生的，它有什么作用？

第二课 | 绘制思维导图的方法

经过前面内容的学习和介绍，我们已经知道，思维导图很神奇、很强大，它能训练和提高我们的思维能力，帮助我们开发大脑、掌握知识。如果我们能真正学会用思维导图，那将给我们的学习和生活带来巨大的帮助。

了解到思维导图的巨大作用之后，我们肯定急切地想知道这一张张精美的思维导图是如何画出来的，我们怎么才能也画出这样的思维导图呢？下面我们就学习一下如何绘制思维导图。

还是开头那张"我的老师"的思维导图，我们就用这个例子来学习如何绘制思维导图。

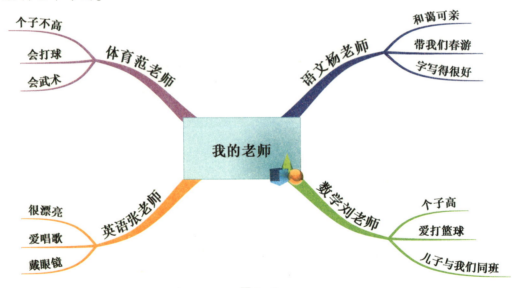

图 2 - 1

一 绘制的工具

要绘制思维导图，首先我们要准备好必要的工具。那需要什么工具呢？非常简单，请看以下清单：

1. A4 白纸若干；
2. 8 色彩笔一组；
3. 你的富于想象的大脑。

图 2-2

绘制思维导图的工具就这么简单，而且这还是对初学者的要求，当你能熟练运用思维导图后会更简单，只要有最简单的纸和笔就行了。

首先说说为什么强调要用 A4 的纸，其实各种规格的纸都行，比如说A3、B2。但是对初学者来说，A4 白纸既能够满足你的正常绘画需要，又不会造成浪费，且便于保存，因而是你的最佳选择。等你的思维导图绘制技术达到了一定高度，就可以自行选择纸张大小了。

我们之所以要选择白纸，是因为有格子的纸（无论是明格还是暗格），从心理认知的角度来说，都会给人一种思维定势，束缚你的思维。所以，在开始阶段请一定使用白纸。

再说说彩笔。不同的色彩，能够引起人们的关注，这是人类认知的一般规律。思维导图之所以有便于记忆和理解的功能，其中一个重要的原因就是它运用了不同的颜色。所以我们在绘制思维导图时一定要注意用彩色笔。至于多少种颜色比较好，虽然有一定之规，但也不是绝对的。我们这里说的选择8色的彩笔完全可以满足我们的需要。那么是不是没有8色的彩笔就不能画思维导图了呢？也不是。以上要求只是对初学者而言。

至于富于想象的大脑，我们每个人都有，而且随时在身，不需要另外准备。大脑是上天赐给我们人类最宝贵的礼物，人类之所以能不断进步就是由于我们有会思考会想象的大脑。同学们在学习和生活中，一定要善于开动脑筋，一个有想象力的大脑的创造力是不可估量的。

前面我们讲过，思维导图是人类大脑思维的一种自然表达，所以，在我们绘制思维导图的过程中，大脑是我们的主力"武器"，是最必不可少的"工具"。

二　三步画图法

有了上面说的三大工具，我们就可以开始绘制思维导图了。虽然思维导图有时候看上去有点复杂，但是绘制其实很简单，我们可以称之为"三步画图法"。顾名思义，"三步画图法"只需要三个步骤，它们分别是：画主题、拟分支和找关键词。

1. 画主题

主题，也称中心主题，是思维导图的核心，也是这幅思维导图的标题。因此，确定和画好思维导图的中心主题特别重要。

绘制思维导图，首先就是要确定导图的中心主题是什么，也就是我们要画的内容是什么。比如"打球""吃饭""我的朋友""我的家人""我的老师""星期天学习计划"等等，说白了，中心主题就是我们要画的内容的精确概括。确定中心主题不需要想多么复杂，直接鲜明地写出来就可以了。

不过，在画主题的时候，有几点是我们一定要注意的。

第一，白纸的摆放。我们在画主题时，最好将A4的纸横向放在桌上。

理由很简单：我们人类的正常视野是上下窄，左右宽的。事实上，我们每个人能够第一时间看到的范围大致相当于一个上下扁平的椭圆。将纸张横放来绘制思维导图，最大的好处就是：我们能够第一时间看到整张思维导图的全貌。如果你希望站在整个森林上空的角度来观察树木，按照我说的去做就对了。对于潜意识来说，横着画思维导图还有一个好处，那就是大脑更容易把这张纸上画出来的内容识别为一张图片，而不是一堆文字的组合。同样的道理，我们在现实生活中看到的电视屏幕、电脑屏幕，包括街头的大屏幕，大部分都是横宽竖窄的，也都是符合这一规律的。

第二，主题的位置。主题的位置很好确定，因为它叫中心主题，所以它必须是在 A4 白纸的正中心。而且，任何一张标准的思维导图，它的中心主题一定是在它的中心，这是思维导图的绘制规则，我们一定要遵守。

第三，主题的形象。中心主题在思维导图中居核心位置，需要一个恰当的形象，或叫"外包装"。这个形象可以是一个几何图案，也可以是一张与主题内容一致的图片。

知道了这三点，我们就可以很轻松地画出"我的老师"的第一步。如下图 2－3。

图 2－3

2. 拟分支

在学习第二步之前，我们首先要了解思维导图的结构。思维导图是由中心主题和各级分支组成的，其中离中心主题最近的分支称为一级分支，各一级分支再向外发射二级分支，以此类推，如图2-4。

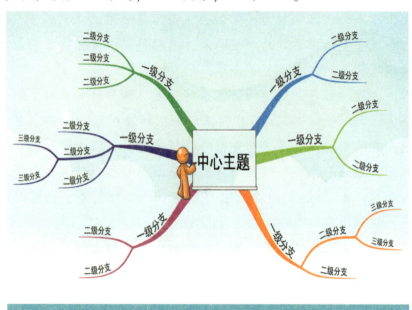

图2-4

整张图的结构很清晰，从中心向四周呈现一种放射性。那么这张图怎么看呢，或者说怎么读呢？思维导图的阅读有其既定的规则，你只需要记住两个词即可，就是"一点钟"和"顺时针"。我们阅读思维导图，在明确了中心主题之后，就要从右上角的一点钟位置开始，沿着顺时针方向进行阅读，直到沿着一圈读完所有内容，整个阅读轨迹好似钟表的表针行进一圈的轨迹。掌握如何阅读思维导图是非常重要的，因为我们在绘制的过程中，也是按照同样的顺序和规则进行绘制的。

拟分支，就是根据主题的内容用不同的颜色先拟定思维导图的各级分支。这里要注意三点：

第一，根据内容的多少，确定一级分支的个数；

第二，相邻的分支一定要用不同的颜色；

第三，根据一级分支的内容再来确定二级分支的多少，三级以上分支的确定也是这样。

下面以"我的同学"为例，来介绍"三步画图法"的第二步"拟分支"。

确立了中心主题"我的同学"以后，先要想想我们为什么要画"我的同学"这幅思维导图。对于这个问题，可能不同的人有不同的想法，有的是为了回忆往事，有的是为了表现同学这个关系网，有的则是为了表明同学们的不同的兴趣和爱好等等。绘图目的不同必然会导致我们每个人画出来的图不同，也必然会有不同的分支内容。因此，分支个数的拟定，要根据你想表达的内容来确定。

比如说，我们按照性别将"我的同学"可以分为"男同学"和"女同学"，也可以按照不同的学习阶段和场合分为"幼儿园同学""小学同学"和"辅导班同学"，还可以按照不同的性格和爱好分为"爱学习的同学""爱运动的同学""爱音乐的同学"和"爱上网的同学"等等。这些都可以作为"我的同学"这幅思维导图的一级分支。这样我们画出的思维导图的一级分支就分别是下面这三种情况，见图2－5、图2－6、图2－7。

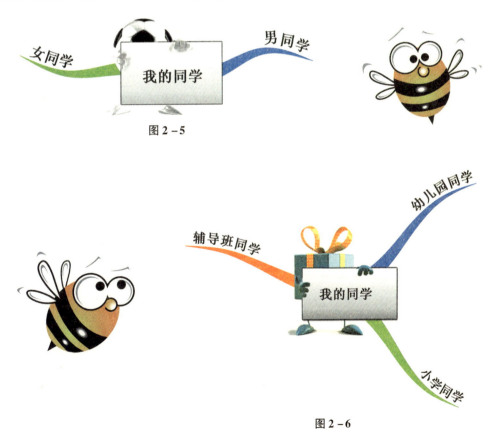

图2－5

图2－6

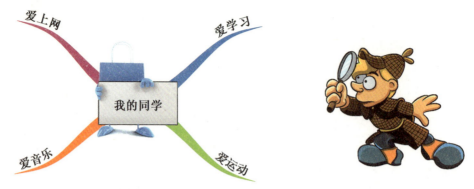

图 2 - 7

　　在拟定一级分支的时候,我们同样要按照"一点钟"和"顺时针"的要求从右上角开始绘制,依次完成每个一级分支的绘制。

　　按同样的方法,完成二级、三级分支的拟定。

　　那么我们就按照顺序为"我的老师"加上各级分支,这样我们的第二步就完成了。

图 2 - 8

3. 找关键词

　　"三步画图法"的最后一步是"找关键词"。这是最重要最关键的一步,是我们绘制思维导图的核心步骤。掌握了这一步骤,也就掌握了思维导图的精髓。

　　首先我们要了解什么是关键词。

　　用一句话来说,关键词是能够准确表达思维导图分支内容和含义的语句。

　　为了更明确地表达思维导图的意义,每一张思维导图的各分支上都标有文字，这类文字不仅要求精炼，更要能表达该分支内容的意义，我们将其称之为关键词。简而言之，思维导图上的文字就是关键词。打开任何一张思维导图，上面的每一个文字其实都是关键词。

关键词对于思维导图而言，意义极为重大，就相当于 CPU 对于电脑的意义。离开了关键词，思维导图就等于只剩下一副"没有灵魂的躯壳"。正是在精准的关键词的驱动下，思维导图才能够体现出它的功能和奇迹。

寻找和确定关键词是画思维导图的核心步骤，关键词的好坏关系着整张思维导图的成败。确定关键词的过程就像我们用电脑进行压缩文件的过程，我们用电脑压缩文件有两个最基本的要求，一个要求是压缩后的文件尽可能小，因为这样可以节省空间，另一个要求则是将压缩文件重新还原的时候要能够完整还原，因为这样才能保证我们信息存储的安全。这一点和我们确定关键词有异曲同工之妙。

衡量关键词好坏的标准是关键词能否准确精炼地表达这一分支的内容和含义，不仅要求准确，而且要求精炼。有时候准确和精炼之间会产生一些冲突，精炼要求文字少，概括性强；而准确则要求内容全面，文字不能太少，否则就会言不达意，出现表达缺失。当这两者产生冲突时，我们主张以准确表达分支内容的含义优先，不然，思维导图就没有意义了。

在完成第二步"拟分支"后，我们只画出了不同的分支，那么在我们第三步"找关键词"中，我们就需要按照一级分支对内容的划分、对每个分支进行关键词的填充和完善，最终完成整张思维导图。

在这里，我们要说明一下，"三步画图法"中的第二步"拟分支"和第三步"找关键词"其实是你中有我、我中有你的关系。在"拟分支"的时候，实际上大脑中已经有了这个分支的关键词，这个关键词就是你想要表达的内容，不然你就没有必要拟这个分支了。同样，你如果觉得某个内容不用表达，也可以把已经拟好的分支去掉。

因此，我们说，"拟分支"和"找关键词"这两个内容是紧密相连的。分支由内容确定，内容由关键词来体现。每一个分支都要写上关键词，没有相应的关键词，就没有必要画分支。

如我们要举行一次春游活动，想要用思维导图来规划一下，那么我们就以"春游"为主题画一张思维导图。

首先，中心主题确定为"春游"，画在正中心，这是第一步；然后就要考虑影响这次春游活动的主要因素有哪些，如活动时间和地点、参加人员、活动内容、携带物品、注意事项等。将这些内容分类归纳，确定一级分支的划分和排列，用不同颜色画出来，这是第二步；第三，用关键词对每个分支进行填充和完善，并完成二级分支、三级分支及其关键词的填写，这就是第三步。

经过这三步，我们就轻松地画出了下面这样一幅结构清晰、内容简洁的思维导图。

图 2-9

接下来我们继续绘制"我的老师"的思维导图。在确定完一级分支后，我们就需要对四位老师进行回忆描述总结，我们记忆中的四位老师分别是以下这些模样。

语文杨老师

杨老师脾气温和，说话慢声细语，对同学们十分和蔼，不管哪个同学提问题，杨老师的态度都非常亲切，耐心地解答大家的问题。

杨老师鼓励我们多出门接触大自然，她曾经带我们去进行春游活动，我们玩得很开心，春游经历给我们的学生生涯增添了许多美好的回忆。

杨老师的字写得非常好，曾经获得过书法比赛一等奖。无论是她给我们批改作业时写的评语，还是她上课时写在黑板上的板书，都非常漂亮，我们班很多同学都效仿杨老师的字。

数学刘老师

刘老师的个子很高，是我们所有老师中个头最高的一个，每次学校开大会的时候，在众人中，刘老师都给大家一种"鹤立鸡群"的感觉。

由于身高的原因，刘老师非常喜欢打篮球，我们经常在学校的篮球场上看到他的身影，高高的个子在拼抢篮球的人群中非常显眼。

刘老师负责教我们数学，和我们朝夕相处。不仅如此，他的儿子还和我们同班上学，同样和我们朝夕相处，因此，我们感觉和刘老师更亲近了。

英语张老师

教我们英语的张老师是一个年轻的女老师，她长得很漂亮，十分爱美。她刚当老师没多久，就像我们的一个漂亮的大姐姐一样。

张老师说英语的嗓音很好听，因此她很喜欢唱歌。她经常在我们的班级联欢会上唱歌，我们大家都很喜欢张老师的歌声。

年轻的张老师的穿衣打扮十分时尚，我们印象最深的是，虽然她眼睛近视，但是鼻梁上架着一副精美的金丝眼镜，为张老师增添了一股儒雅的书生气。

体育范老师

范老师是我们的体育老师，虽然他教我们体育，但是他个子并不高，是一名中等身材的老师，乍一看上去，并不太像教体育的。

范老师作为一名体育老师，最喜欢的是球类运动，他不仅篮球、排球打得好，而且乒乓球、羽毛球也打得很好，他的球类技术真的很棒。

范老师虽然个子不高，但是身体很强壮，而且他还是一名"武林高手"，会一些武术拳脚。有时在体育课上，他也会教我们一些武术套路，大家都很喜欢学。

我们通过总结归纳，找到可以概括每个老师的关键词，最终完成整幅思维导图。

图 2 - 10

　　这就是用"三步画图法"进行绘制思维导图的过程。

　　"画主题"的过程，其实是一个构思整个思维导图的过程，一定要根据你想表达的内容来确定这幅思维导图的中心主题名称。

　　"拟分支"是绘制思维导图的关键。一定要根据想要表达的内容来确定各级分支的多少，并要按顺序做好布局。同时注意不同颜色的使用。

　　"找关键词"是绘制思维导图的核心。如何从想要表达的内容中提炼出适当的关键词，是对绘图者语言综合能力和概括能力的检验，也是一个培养和提高思维品质的训练过程。

　　"三步画图法"其实也很简单，在我们熟练掌握后，就可以短时间内绘制一幅满意的思维导图。但是，每一幅思维导图都有一个不断完善和优化的过程，特别是分支的设置和关键词的表述，都需要反复推敲。因此，在绘制思维导图的过程中，我们一定要多动手、多动脑，多画多想，正所谓"熟能生巧，巧能生精"，在不断地练习和思考后，大家一定能掌握绘制思维导图的方法和步骤。

本课练习

1. 用 "三步画图法" 画一张 "明日计划" 思维导图。
2. 给家人讲讲如何阅读这张图以及你是如何画出来的。

第三课 | 绘制思维导图的技巧

 上一节课我们学会了绘制思维导图的基本方法，即"三步画图法"。其实，思维导图的绘制过程，不仅是一个按部就班的制作流程，还是一个不断完善和美化的艺术加工过程。在这个过程中，除了基本的方法外，还会有一些绘制技巧需要大家掌握。

绘制思维导图的技巧有很多，我们把这些技巧总共总结成六点，称之为"六大技巧"。

图 3-1

一 分支不宜过多

拟定一级分支需要思考的是一级分支的多少，到底画几个一级分支比较适合，这是画思维导图的首要问题。

从思维导图适应人的认知规律来考虑，分支不要多于 7 个，因为多于 7 个，人的大脑就有可能一下子记不住了，这也是人们记忆电话号码时为什么要分组的原因。从思维导图美观的角度来看，一级分支最好不要少于2个，少于2个就会显得很不好看，而且只有一个分支的话也不能称之为思维导图。

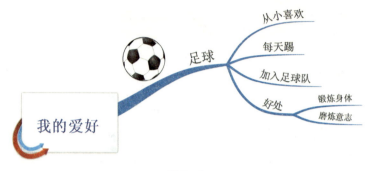

图 3-2

确定一级分支数量的主要依据是中心主题的内容。从总体上来说，一般的主题画2至6个一级分支就够了。那如果内容分支数量确实很多，怎么办呢？

如党的十八大提出的社会主义核心价值观，共24个字：富强、民主、文明、和谐，自由、平等、公正、法治，爱国、敬业、诚信、友善。假如我们要用一张思维导图把它们表现出来，应当怎么拟一级分支呢？

如果我们把每两个字为一个分支，这样分支会太多，不便记忆。但我们根据其意义的内涵，将这24个字分为3组，每组8个字，而且给每组找一个关键词，这样问题就好办了。如

第一组为国家层面：富强、民主、文明、和谐
第二组为社会层面：自由、平等、公正、法治
第三组为个人层面：爱国、敬业、诚信、友善

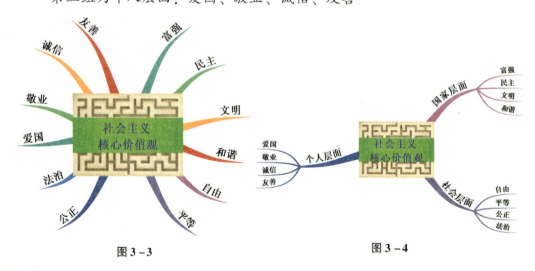

图 3-3　　　　　　　　　　　　图 3-4

这样的分组和提炼，也有利于我们理解和记忆社会主义核心价值观的内容。

在绘制思维导图的过程中，一定要关注思维导图的布局。别忘了，我们画出来的整张思维导图，其本身就是一个图形。越是符合美学原则的图形，越容易吸引大脑的注意，并且越容易被记住。所以，我们的思维导图在布局上一定要美观、大方。

在布局上，首先应该被考虑到的是中心主题的大小。中心主题的大小要与纸张的大小相匹配。尽量避免"大头小身子"或者"小头大身子"的情况出现，见图3-5、图3-6和图3-7。

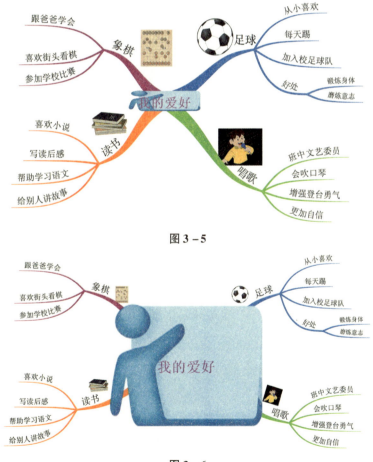

图 3-5

图 3-6

图 3-7

其次要考虑的是各分支的布局。要避免把过多的内容安排到思维导图的一侧，从而导致思维导图的"偏坠"，见图3-8。我们可以把思维导图想象成一架天平，要让天平两端的重量大致相当，从而使天平保持平衡。处于纵向中轴线位置的上下分支可以很好地帮助我们保持平衡。对于这些位置的分支，我们可以自由选择偏向左边还是右边，从而实现左右两侧的分支数量大致相当，见图3-9。

图 3-8

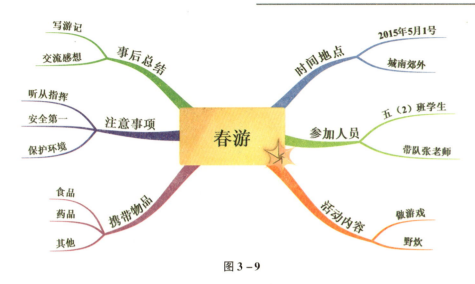

图 3 - 9

再次，我们要考虑每条分支的长短。分支的长短没有硬性要求，但是一级分支要稍微长一些，因为一级分支以及后面的分支往往会占据相当大的空间。如果一级分支的线过短，有可能会无端挤占相邻分支的空间，见图3-10。所以，把一级分支线画得略长一些，可以给其他兄弟分支留足空间，同时也有利于我们掌控整张思维导图的布局。同一级别的分支，长短要大致相当，这样才显得协调美观，见图3-11。

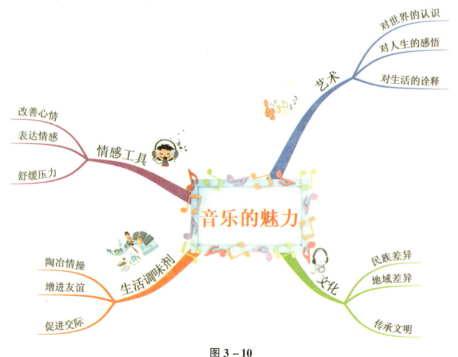

图 3 - 10

图 3 - 11

　　最后，我们要注意关键词的走向。我们的原则是，词随线走，关键词尽量要沿着线的伸展方向书写，为什么呢？因为大脑很容易将空间位置上临近的物体识别为一个整体。如果我们能够让分支线和关键词结合得足够紧密，我们的大脑就比较可能将其识别为图形，我们在回忆时就能多一分成功的可能。

　　不过，这里要说明的是，我们不要僵化地去追求词随线走，我们还是要尽量保持关键词中的每个字呈现接近于垂直的状态。有些初学者常常360度地转圈去写关键词。这样做的结果是，当他看思维导图的时候，也必须360度地转着圈去看。这样做除了会给我们带来一些不便，还会导致我们无法在第一时间了解整张思维导图的概貌，不利于我们把思维导图当作完整的图像来记忆。所以，我们在书写关键词的时候可以略微倾斜，但一定不要达到需要歪着头才能看清的程度。

　　位于思维导图纵向中轴线的分支比较特殊。它们的一级分支线几乎是完全垂直的，如果完全按照分支线的方向去写关键词的话，我们的关键词势必会呈现如春联一般的"纵向书写"状态，见图3-12。这样的书写方式也是不利于我们正常阅读的。为了防止这样的情况出现，我们有必要人为地将一级分支线画成一条由垂直向水平过渡的曲线，并将一级分支上的关键词写在这条曲线中接近于水平方向的那一段上。尽管这样做会带来一部分空间的浪费，却可以让我们的阅读体验变得更顺畅，从而有利于我们的理解和记忆，见图3-13。

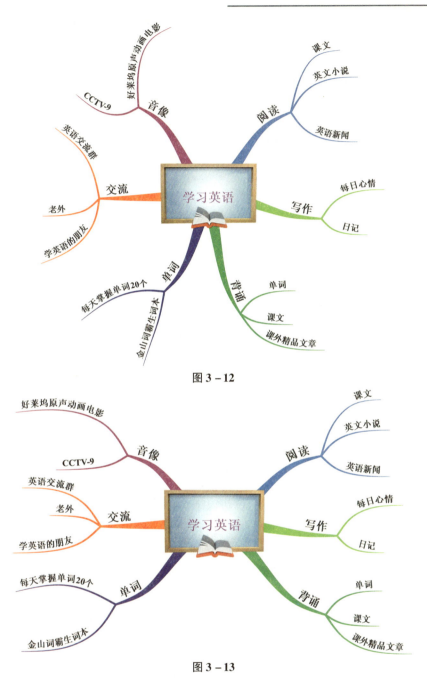

图 3 – 12

图 3 – 13

 三 词句精炼准确

　　人的大脑的特性之一就是喜欢简单、讨厌复杂。我们绘制思维导图的过程，从某种程度上说其实就是简化信息、压缩信息的过程。这样做的目的是让大脑更容易记住我们保留的信息。如果同样的内容可以用 1 个字表达，大脑不会选择去记 10 个字的表达方式。我们要做的，就是对学习材料进行最大程度的简化，用最少的文字表达尽可能多的信息。

在信息压缩的过程中，我们要敢于对原材料进行大刀阔斧地删减，所有不必要的内容都应该被舍弃。我们可以问自己这样一些问题：如果没有这个词，这句话的意思会出现重大偏差吗？如果没有这句话，这个自然段的意思会发生重大偏差吗？如果没有这个自然段，这篇文章的意思会发生重大偏差吗？如果上述问题的答案是否定的，我们就要毫不犹豫地把这些"美丽的修饰"删掉，从而让那些实质性的内容浮出水面。

在确定关键词时，我们要像葛朗台一样"吝啬"，能用一个字表达的意思，绝不用两个字。如果图像本身就能说明我们要表达的意思，那我们连字都不用写了。也就是说，关键词要能减就减，能少就少。当然，简单的前提是能够还原信息，特别是你画的思维导图是为了让别人学习，或是作为资料进行保存的时候，如果关键词太少，会引起读者的误解和漏掉一些重要内容。

图 3-14 是一张"周日计划"的思维导图，文字过多，内容冗杂，精简后就显得清晰多了，见图 3-15。

图 3-14

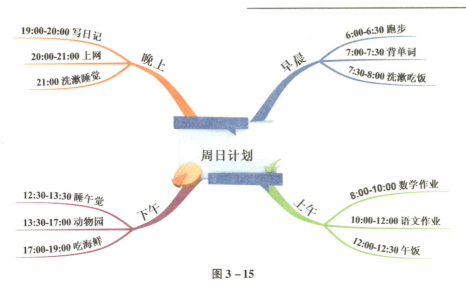

图 3 – 15

分支线条是思维导图的基本元素，如果你仔细观察书中的思维导图范例，会发现几乎所有的思维导图分支线使用的都是曲线，而不是我们最常用的直线。

曲线是大自然中最自然的线条，也是人脑最喜欢的一种线条。可口可乐之所以畅销，其秘诀之一就是他们将装可口可乐的瓶子的外形设计成了与女人体形相似的曲线。在足球的射门集锦中，我们也会更喜欢那些沿着曲线前进，以弧形线路射门的进球。所以，使用曲线才更有可能让大脑将关键词识别为图形。而且，当我们在 A4 纸上挥洒柔美的曲线时，我们自己的情绪也会比较欢快。画思维导图的乐趣有相当一部分来自于画曲线，这一点在你们画过足够多的思维导图之后一定会深深地体会到。

图 3 – 16

图 3 – 17

　　曲线的作用不仅仅是美观和带来乐趣。它也可以让关键词以各种富有创意的方式延伸至任何纸面上的空白空间。这是直线绝对无法做到的。所以使用曲线的思维导图能够非常容易地在任何一个分支中添加新的分支内容。

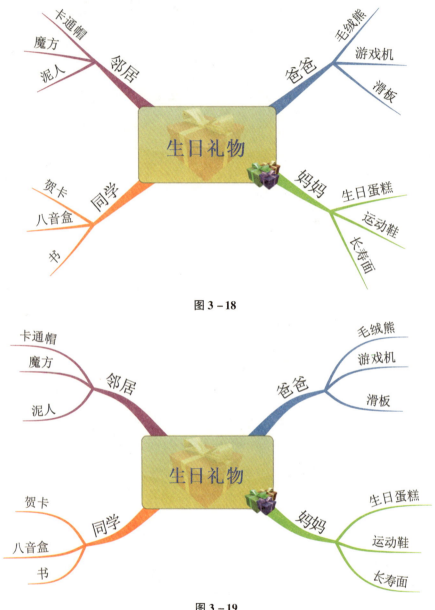

图 3－18

图 3－19

　　我们常常通过曲线的粗与细来表示分支与中心主题的关联程度，或者说是它所在的层级。一级分支与中心主题的关联最紧密，所以我们通常使用最粗的曲线来画一级分支，而二级分支与中心主题的关联要弱一些，我们使用的曲线就要细一些。其他层级依此类推。

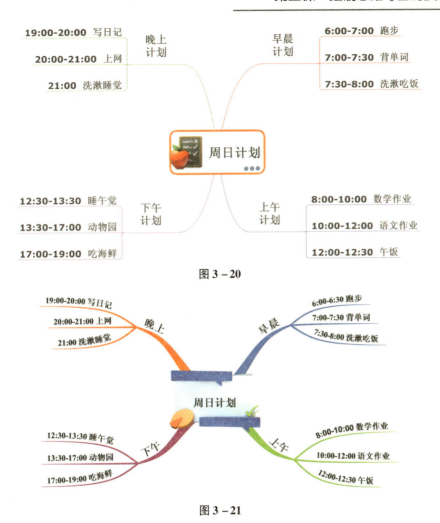

图 3 - 20

图 3 - 21

五 色彩搭配合理

使用色彩是思维导图重要的特点之一。人类天生就对有颜色的事物十分敏感，这是我们都有所体会的。早在彩色胶卷还没有诞生的时候，人们就强烈渴望能看到彩色的照片。于是照相馆的师傅们就在黑白照片上人工添加色彩，做成所谓的"彩色照片"。基本上国内20世纪80年代之前的"彩色照片"都是按照这种人工的方式制成的。

人们为什么偏好色彩呢？这可能与人类的进化过程有关。在自然界，大多数色彩都能起到警示的作用。比如彩色的蘑菇往往是有毒的，经常和蘑菇打交道的动物不会轻易去碰这些色彩鲜艳的菌类的。我们的祖先们早已把这些生命换来的记忆写进了他们的 DNA，为种群的繁衍记录下宝贵的经验。在所有生物中，人类的食物是最杂乱的，为了避免被毒死，或者被有毒的动物攻击，人类必须对颜色警觉。所以，积年累月的进化让人类的大脑对颜色形成了特殊的敏感。

图 3 - 22

为了生存，人类必须记住那些带有鲜艳颜色的事物。这种源于生存的本能让颜色在记忆通道中享有很高的优先权。简单地说，凡是能够与鲜艳色彩整合在一起的信息都更容易被记忆。颜色，正是思维导图的一道亮丽的风景，缺少色彩的思维导图是很难引起人们大脑关注的。

我们在绘制思维导图的时候一定要用颜色，但是又不能乱用颜色，思维导图颜色的使用是有它的规则的。简单来说，颜色的使用要遵循"丰而不乱"的原则。颜色的使用要丰富，整张图不能用同一颜色，不同的分支要用不同的颜色，画出来以后，整张图是一张五颜六色的彩图，但同时，颜色的使用又要有次序，不能胡乱上色。这里我们要记住两句话："同一分支同颜色，相邻分支不同色。"

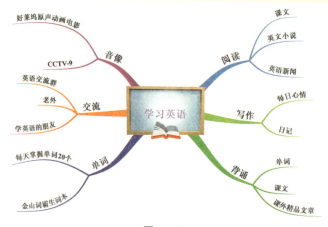

图 3 - 23

一张思维导图中，一个大分支必须使用同一种颜色，它（从一级分支开始）的不同子分支不能使用主分支以外的颜色。也就是说，一张思维导图有几条一级分支，就使用几种颜色。这样做是为了让相同的分支被同一种颜色包裹，从而使得我们在回忆思维导图的时候更容易把整个大分支作为一个整体回忆起来。我们上边提到分支的数量一般不超过 7 个，因此一般情况下，一张思维导图中出现的颜色也不要多于 7 种（包括配图的颜色），当然也不要少于两种。

每个分支都使用了相同的颜色，从整张图的视觉效果和记忆效果考虑，相邻的分支不要使用相同或相近的颜色，这样画出来的图就会协调有序、错落有致，既美观又便于记忆。

六　适当使用符号

如果我对你提到"哈利·波特"，你会想起什么？只要你看过那部电影，你的脑海中绝对不会仅仅出现这四个毫无意义的冰冷的汉字，你的大脑很可能会浮现出一个戴着眼镜的小男孩骑着扫把在魔法学校上空飞行的画面。再比如，2015 年 9 月 3 日，我国举行了盛大的阅兵式以纪念反法西斯战争胜利 70 周年，提到这个，你的脑海中肯定会想起阅兵式上那些激动人心的画面。

用图形和符号进行思考，是我们人类的本能。当我们从家里出发，走向学校的时候，我们并没有时刻默背这条路线的每一个地名。我们只是在脑海里勾画出一幅地图，并记住了那些转弯处的图像。当我们考虑中午吃点什么的时候，我们也不会在脑海里想象那些食物的名称，充斥着我们大脑的，是那些美食的具体图像。甚至，当我们听评书或听故事的时候，我们的大脑也不是把这些语言一字不差地记下来，它只是帮我们把语言翻译成了画面。如果需要我们复述刚刚听到的故事，我们只需要再把这些画面翻译成语言就行了。

思维导图之所以叫做"图"，正是运用了人的大脑偏爱图画这个特性，正所谓"一图胜过千言万语"，我们在创造关键词的时候，要学会大量恰当地使用图像和符号来表达相应的内容，这样才能更容易被我们的大脑所接受，思维导图的使用效果会更好。

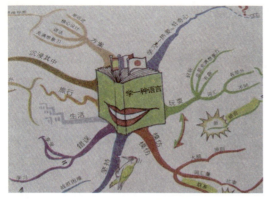

图 3－24　　　　　　　　　　　　图 3－25

　　我们这里所说的"图形符号"，指的是那些结构简单、含义明确、便于绘制的图形，类似于简笔画，包括那些简单的一看就懂的标识符号。比如简笔画中的"太阳""月亮""大海""浪花"等等，再比如"对号""错号""箭头"以及QQ中的表情、国际上通用的各种标识等等。

　　思维导图是信息压缩的艺术。我们在学习中使用思维导图最常用的是"图形语言"，特别是公式、几何图形等，都是非常精炼的关键词。既好理解，又好记忆，可以尽量多地使用。

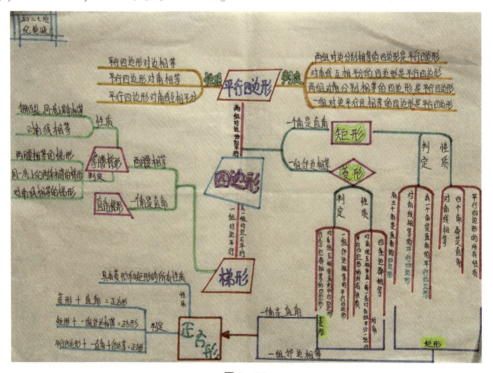

图 3－26

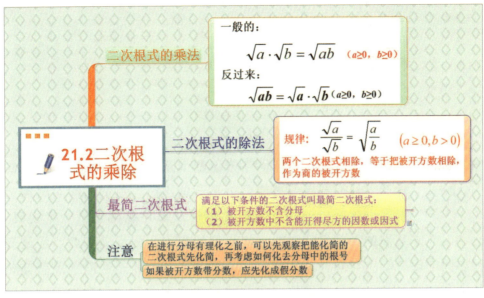

图 3 - 27

思维导图的绘制有一个熟能生巧的过程。对初学者来说，开始不要太强调完美，时间长了，你画的思维导图一定会更科学、更漂亮。

本课练习

1. 去网上搜索一些思维导图，指出它们的优点和不足。

2. 将学过的一篇课文或者一个专题的知识内容画成思维导图，然后试着拿思维导图给家人讲解。

第四课 | 用思维导图做计划

制定计划对每个同学来说都很重要。只有制定了明确的计划，我们的学习才能有条不紊地进行，我们的学习时间才能得到更好地利用，我们的学习效率才能得到进一步提高，我们的学习目标才能一步一步地实现。但尽管如此，还是有很多同学没有制定学习计划的习惯。究其原因，主要是这同学没有充分认识到制定学习计划的重要性，或是没有体会到学习计划对学习的帮助和好处。另一方面是这些同学认为制定学习计划很麻烦，也不会制定，或是制定了计划而不去执行，认为计划赶不上变化，久而久之就认为计划没什么价值了。

下面，给同学们介绍一种做计划的新方法——用思维导图做计划。

一　思维导图做计划的优势

用思维导图做计划与传统的文字计划相比，确实有很多不同，优势非常明显。

下面是用不同方式做的同一份计划，前者是用传统的文字方式，后者则是思维导图方式。

以下是用传统文字方式做的《光明小学五年级春游计划》

光明小学五年级春游计划

【活动目的】阳春三月，春意盎然，大自然正慢慢地在和煦的春风吹拂下苏醒。百花盛开，新叶舒展，好一派风光，令人陶醉，此时此刻正是踏青的最好时节。学生们通过春游活动可以体会大自然的美好，激发对生活、对家乡的热爱之情。

【活动时间】2015 年 4 月 10 日，上午 8：30 出发，下午 15：00 回校。

【参加对象】5 年级全体师生。

【活动地点】香山。

【活动内容】

1. 爬山比赛。

2. 猜猜我是谁。

3. 宣誓（我们庄严宣誓：从我做起，从现在做起，从小事做起，讲文明、树新风，坚决向不文明言行告别。诚实守信，遵纪守法，尊敬师长，孝敬父母，团结友爱，言语文明，健康上网，讲究卫生，爱护公物，衣着得体，举止大方。我们顺手捡起的是一片纸，纯洁的是自己的精神，我们有意擦去的是一块污渍，净化的是自己的灵魂）。

4. 收集垃圾。

【活动安排】

1. 以班级为单位划分小组，2015 年 4 月 10 日早 8：30 在学校门口集合，带齐所需物品（包括必备的药品），徒步前进，不乘坐交通工具。

2. 教师携带相机，捕捉精彩瞬间。

3. 带适量的干粮，如面包、饼干、饮料等。

4. 不携带贵重物品，保管好自己的衣物。

5. 每人自带一个塑料袋，以便于装垃圾。

6. 穿舒适的运动服、运动鞋。

7. 活动结束后统一返校，教师清点人数，给家长发短信，确保学生按时回家。

【安全措施】

1. 活动前加强对学生安全教育。发告家长书，召开学生会议，明确各自职责；教育学生一切行动听指挥，不准随意离开队伍单独活动。

2. 往返前认真清点人数，行程中排好队伍，每班至少安排两位教师负责管理。把学生组织成若干个活动小组，并有序地开展活动，活动时要文明，相互关心，注意安全，不搞有安全隐患的活动。

3. 严格划分活动区域，对于有危险的活动区域，禁止学生在此区域活动。

4. 如遇学生出现身体不适等情况，应立即报告老师，就近联系医生等。

【后期反馈】

1. 各班召开总结会议，让同学们交流春游感悟。

2. 每位同学写一篇有关此次春游的日记。

光明小学

2015 年 4 月 8 日

以下是我们用思维导图做的光明小学的春游计划。

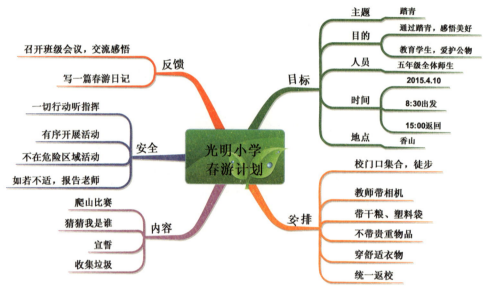

图 4 - 1

对比同一个计划的两个版本，我们发现两者有很大的不同。

1. 思维导图做的计划少了许多文字叙述。用思维导图做计划只需要关键词和线条即可，不用考虑应用文的格式和上下文的过渡语言，这对于时间宝贵的同学们来说，特别是那些认为制定学习计划很麻烦的同学来说非常重要。

2. 思维导图做的计划让人一目了然。这是思维导图最基本的特征，再复杂的计划画成思维导图后均可一目了然，而且更容易理解，阅读起来要比文字计划方便得多。

3. 思维导图做的计划更容易记忆和执行。计划是用来被执行的，但如果计划中的目标、要求、措施很复杂记不住，执行起来就会打折扣，这将降低计划的执行率。而用思维导图做的计划不仅好记，而且便于携带、张贴，无疑能更好地发挥计划的作用。

4. 思维导图做的计划更容易被修改和调整。一个可行的计划是需要经过不断地修改和完善的，特别是要解决在执行过程中出现的新问题。而文字计划调整起来比较麻烦，需要考虑整个计划文字的前后对应。而用思维导图做计划则不同，修改起来方便得多。

同学们用思维导图做计划能够提高学习效率，减少时间浪费，把做好的计划贴在桌上，每一步的行动都会很明确，也不需要总是花费心思考虑接下来该学什么。用思维导图做计划很灵活，你可以用自己的方式方法灵活调整，可以最大限度地发挥计划的作用。

二 思维导图做计划的步骤

第一步：确立中心主题，如春游计划、备考计划、锻炼计划、购物计划等。

第二步：确立一级分支，也就是这项计划主要有哪些分类，如要达到什么目标、完成的时间、实施的措施等，但注意一定要提炼关键词。

第三步：完善其他内容，重点是什么，需要补充说明的有哪些等。

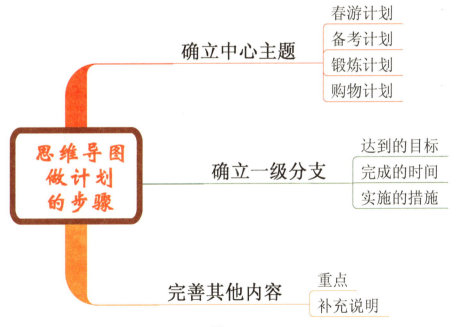

图 4 - 2

三 思维导图做计划的应用

人类的所有活动都需要做计划，因而用思维导图做计划的应用非常广泛。下面我们从同学们的生活实际出发，讲三个方面的应用。

1. 用在学习中

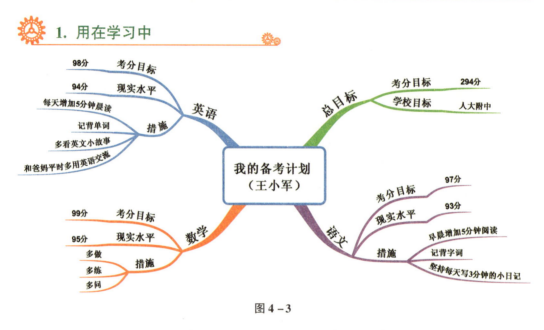

图4-3

图4-3是王小军同学做的一张主题为"我的备考计划"的思维导图。该同学为了提高自己的语文水平，计划每天早晨增加阅读时间以及每天坚持写日记；为了提高数学水平，计划多做、多练、多问；为了提高英语水平，计划每天增加5分钟晨读，多看英文小故事，和爸妈平时多用英语交流。应当说这些措施都是具体的、有效的，实施起来比较有针对性，可以更有效地利用时间，尽快实现自己的总目标。

图4-4是一张主题为"读书计划"的思维导图，记录了作者寒假计划要读哪些书。

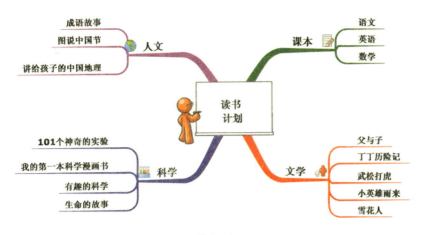

图 4 – 4

2. 用在生活中

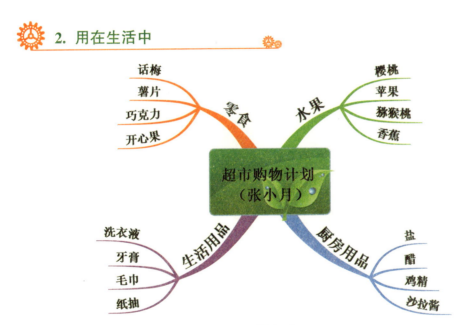

图 4 – 5

　　图 4–5 是张小月同学做的一张主题为"超市购物计划"的思维导图。该同学的计划分类很清晰明了，他将所买物品分为四大类，分别是水果、厨房用品、生活用品以及零食，这样不仅记忆方便，而且在琳琅满目的超市里也能迅速找到对应的物品，相信该生会很快很开心地完成本次购物。

　　图 4–6 是一张主题为"我的寒假生活"的思维导图，记录了作者在寒假中活动的计划。

图 4 - 6

3. 用在其他方面

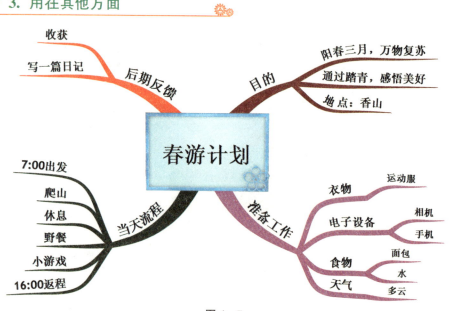

图 4 - 7

　　图 4-7 是一张主题为"春游计划"的思维导图。该同学的春游计划很具体，准备工作一清二楚，这样就不至于在出发前手忙脚乱，甚至忘了带什么东西，当天的流程也很详细，可以帮助其很好地享受本次春游。

　　图 4-8 是一张主题为"我的时间计划"的思维导图，记录了作者规划时间、安排作息的计划。

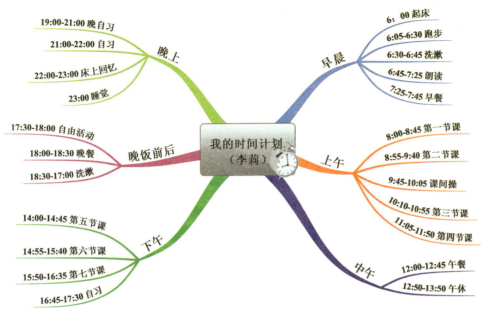

图 4 – 8

　　用思维导图做学习计划，可以使学习有明确的目的性，以便我们合理地安排学习内容和时间，从而使学习有条不紊，变被动为主动。这不仅可以提高学习的效率，而且还可以使自己养成良好的学习习惯，使勤奋精神落到实处。我们只有按照学习计划坚持不懈地执行下去，才会取得良好的学习效果。总之，用思维导图做计划可以帮你节省很多时间，让你开心享受生活每一天。

本课练习

　　将你本周的周末计划做成思维导图。

预习，对每一个同学来说都非常重要。凡是学习成绩好的同学大都有预习的习惯。这是因为预习可培养自己的独立思维能力；预习可以直接提高学习效率；预习可提高记笔记的水平；预习能增强记忆效果；预习还能增强求知欲望。所以我们说预习是每一个同学都必须养成的好习惯。

但是，我们从实践中了解到，有很大一部分同学至今仍没有预习的习惯。究其原因，大至有两类。一类是认为预习不预习总是要听课的，有时间不如干点别的事。这部分同学缺乏主动学习的动力，对预习的重要性认识不足，有一种得过且过的思想。另一类同学是想预习，但没有找到预习的方法，不知道预习从何下手。

现在给同学们介绍一种新的预习方法，即用思维导图做预习。

一 思维导图做预习的好处

用思维导图做预习与传统的预习方法比较，有以下三个好处：一是思路清晰，二是目的明确，三是可操作性强。

请看下面图 5 - 1、5 - 2，这是我们用思维导图给同学们建立的预习提纲。

按照这样的提纲去预习，确实是思路清晰、目的明确，而且具有很强的操作性。只要我们按照上面的提纲，逐个加以了解、理解和解决，就能达到很好的预习效果。特别是哪些想预习但又不知从何下手的同学，按照这个提纲的思路去预习，就会对预习充满信心。

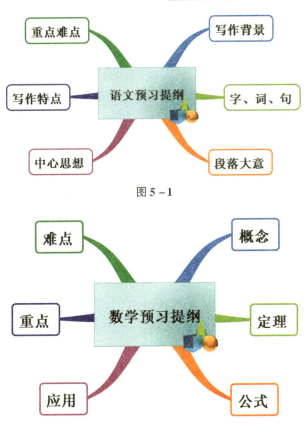

图 5 - 1

图 5 - 2

 二 思维导图做预习的方法

　　预习有被动预习和主动预习两种。被动预习就是完成老师或是家长布置的学习任务，主动预习则是自己主动安排的学习任务。但不管是被动预习还是主动预习，都必须要明确预习的目的，阅读相关的教材，完成相关的任务。

　　用思维导图做预习，可以按如下步骤进行。

 1. 拟定预习提纲

　　上面我们用思维导图做了两份预习提纲，但还不够。同学们在预习前，还可以根据不同的学科、不同的要求调整思维导图预习提纲。这一步非常重要，他可以让我们的预习变得更有目的性和可操作性。

2. 认真阅读教材

阅读教材是预习的重要环节，只有认真地阅读了教材，才能解决预习提纲中提出的问题。对教材的阅读一般要读两至三遍，而且要做到阅读深思。第一遍为泛读，了解大意；第二遍为精读，对照预习提纲发现问题；第三遍为研读，解决预习提纲中提出的问题。有了这三遍，预习的目的就达到了。

需要提醒同学们的是，预习是为听课做准备。不要强调一次把所有问题都弄明白。有不明白的地方就将其列入到预习提纲的重点、难点问题中，等上课时有针对性地听老师讲解，这样就会提高我们对知识的理解程度，从而达到最佳的学习效果。

3. 完成预习导图

在预习前我们做了思维导图预习提纲，在预习过程中，我们要根据教材的内容，一个分支、一个分支地完成预习思维导图。如发现新的问题，还可以调整思维导图预习提纲。最后保存预习思维导图，并将其带到课堂上，根据老师的讲解，进一步完善思维导图的内容。

按照以上方法做思维导图预习，一定会收到预想不到的效果。特别是当你坚持这种学习方式形成习惯后，你的学习效率和学习成绩就会很快提高。

 ## 三　思维导图做预习的应用

例1：用于语文学习——预习课文《西门豹》
我们首先来看课文原文：

西门豹

战国时候，魏王派西门豹去管理漳河边上的邺。西门豹到了那个地方，看到田地荒芜，人烟稀少，就找了位老大爷来，问他是怎么回事。

老大爷说："都是河伯娶媳妇给闹的。河伯是漳河的神，每年要娶一个年轻漂亮的姑娘。要是不给他送去，漳河就要发大水，把田地全淹了。"

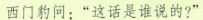

西门豹问："这话是谁说的？"

老大爷说："巫婆说的。地方上的官绅每年出面给河伯办喜事，硬逼着老百姓出钱。每闹一次，他们要收几百万钱；办喜事只花二三十万，多下来的就跟巫婆分了。"

西门豹问："新娘是哪儿来的？"

老大爷说："哪家有年轻的女孩子，巫婆就带着人到哪家去选。有钱的人家花点儿钱就过去了，没钱的只好眼睁睁地看着女孩儿被他们拉走。到了河伯娶媳妇那天，他们在漳河边上放一条苇席，把女孩儿打扮好了，让她坐在苇席上，顺着水漂去。苇席先还是浮着的，到了河中心就连女孩儿一起沉下去了。有女孩儿的人家差不多都逃到外地去了，所以人口越来越少，这地方也越来越穷。"

西门豹问："那么漳河发过大水没有呢？"

老大爷说："没有发过。倒是夏天雨水少，年年闹旱灾。"

西门豹说："这样说来，河伯还真灵啊。下一回他娶媳妇，请告诉我一声，我也去送送新娘。"

到了河伯娶媳妇的日子，漳河边上站满了老百姓。西门豹带着卫士，真的来了。巫婆和官绅急忙迎接。那巫婆已经七十多岁了，背后跟着十来个穿着绸褂的女徒弟。

西门豹说："把新娘领来让我看看。"巫婆叫徒弟把那个打扮好的姑娘领了来。西门豹一看，女孩儿满脸泪水。他回过头来对巫婆说："不行，这个姑娘不漂亮，河伯不会满意的。麻烦你去跟河伯说一声，说我要选个漂亮的，过几天就送去。"说完，他叫卫士抱起巫婆，把她投进了漳河。

巫婆在河里扑腾了几下就沉下去了。等了一会儿，西门豹对官绅的头子说："巫婆怎么还不回来？麻烦你去催一催吧。"说完，又叫卫士把官绅的头子投进了漳河。

西门豹面对着漳河站了很久。那些官绅都提心吊胆，连气也不敢出，西门豹回过头来，看着他们说："怎么还不回来，请你们去催催吧！"说着又要叫卫士把他们扔下漳河去。

官绅一个个吓得面如土色，跪下来磕头求饶，把头都磕破了，直淌血。西门豹说："好吧，再等一会儿。"过了一会儿，他才说："起来吧。看样子是河伯把他们留下了。你们都回去吧。"

老百姓都明白了，巫婆和官绅都是骗钱害人的。从此，谁也不敢再提给河伯娶媳妇，漳河也没有发大水。

西门豹发动老百姓开凿了十二条渠道，把漳河的水引到田里。庄稼得到了灌溉，年年都得到了好收成。

我们在预习新课文的时候，应该摒弃以前那种阅读两遍、抄写生字词两遍的固定模式，那种模式只是停留在表面的认识上，学生不能获取文章的主旨、中心思想等深层的东西，而且上课不能有目的地听课。用思维导图进行预习，我们要从写作背景、字词句、段落大意、中心思想、写作特点、重点难点这六个方面去思考和总结，从中掌握知识、发现问题，然后带着问题去听讲，甚至有的问题可以通过查阅资料进行解答，这样我们的学习效率就可以大幅提升。图 5 - 3 就是一张预习课文《西门豹》的思维导图。

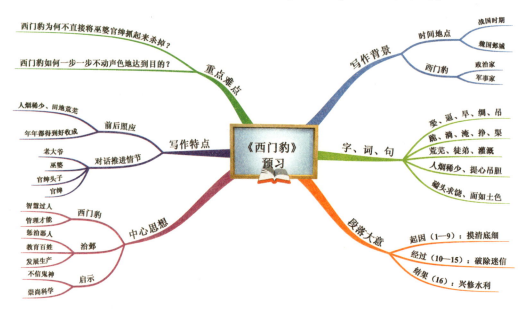

图 5 - 3

例 2：用于数学预习——预习《三角形》

同样，用思维导图对小学数学《三角形》课程内容进行预习，画出下面的预习思维导图。

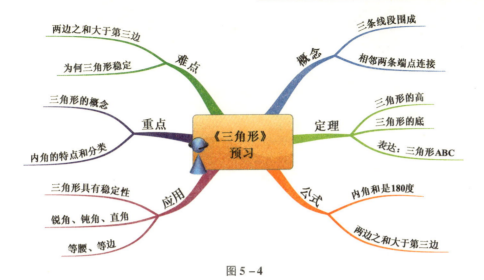

图 5 - 4

上面这张思维导图，将《三角形》内容用思维导图画出，不仅总结了预习中学到的知识，还提出了预习者自己对于重点难点的看法，为下一步正式听讲学习该内容起到了高屋建瓴的作用。

本课练习

对小学数学"多边形面积"内容进行预习，画一张预习思维导图。

第六课 用思维导图做笔记

东尼·博赞先生在他的《思维导图》书中讲过这样一个故事：有一个小女孩，9岁时学习非常不错，到10岁时，学习成绩有一些下降。到11岁时成绩下降得很厉害，到12岁时她已经成了一名差生，几乎读不下去了。她本人、家长和老师都感到非常奇怪，因为这个同学平时学习一直非常努力，看上去也很聪明。大家都不明白这个孩子为什么学习跟不上来。

后来博赞先生在家长的同意下，见到了这个女孩。经过长时间和令人伤心的谈话之后，这个女孩的眼睛突然一亮，对博赞先生说："我有一点一年比一年做得好。""哪一点？"博赞先生问。"我记的笔记！"女孩自信地回答。

就是这一点，让博赞先生明白了这个女孩学习成绩下降的原因。和我们很多同学一样，她认为学习笔记做得越多越完整越好。其实不然，我们在上课时如果一门心思只顾做学习笔记，就不能跟着老师思路深入思考，很容易误解和忘记要学的东西。"上课记笔记，下课对笔记，课后背笔记，考试全忘记。"这是很多同学的教训。

一 传统线性笔记的不足

传统的笔记方式是一种"线性笔记"，也就是从开始到结尾，一条线地往下记。这种传统笔记，存在以下问题：

1. 浪费时间。传统的笔记记录了大部分不必记录的东西，会浪费时间；这些不必要的东西在下次学习时还要浪费很多阅读的时间，而且不只一次；学习者在下次学习时还是要找重点内容，找关键词，又要浪费时间；有时因笔记的不全面，会使学习者产生错解，要找到正确的内容更要浪费时间。

2. 难辨重点。老师表达的内容是有重点的，而重点内容体现在关键词上。当你埋头做笔记时，根本没有时间来辨别哪些是重要内容，哪些是关键词，因而只好把老师讲的内容全部记下来。有时还怕记漏了，下课后还要与同学对笔记。这样没有关键词的笔记会阻碍大脑对知识内容的正确联想，不利于对知识的理解和掌握。

图 6 - 1

3. 不便记忆。做学习笔记的重要目的是为了方便记忆，而传统的所谓标准笔记只有一种颜色、一样的字体、一样的格式，看上去都很相似。这样的笔记不易引起大脑的兴奋，会使大脑处于一种"半催眠"的状态，什么也记不住。虽然有的同学的笔记，按内容分了模块，也用了不同的颜色标注，点缀上一些卡通画，但依然是线性笔记，重点不够突出，不易记忆。

4. 无助理解。传统的线性笔记记录的知识内容相互联系不明确，不能让大脑产生正确的联想，不能有效地刺激大脑，会减缓或抑制人的思维过程，因而对人的创造力和记忆力会产生负面影响。

以上是传统笔记的一些缺点，而这些不足会带来许多消极的后果。反复不断地使用和制作这些效率不高的笔记，大脑会产生一些排斥反应，进而使我们丧失集中注意力的能力；当我们研究复杂问题时，会让我们养成在笔记上做笔记的习惯，会更浪费时间；长久这样，用功越多，效果越差，会让我们对自己的大脑能力丧失信心，让我们在痛苦中学习。

以上每个问题对一个人学习的影响都是致命的，只是现在我们很多人都没有正确认识到这一点。

二 思维导图笔记的优点

思维导图最初是博赞先生在研究了爱因斯坦、达·芬奇等名人的学习笔记后提出来的。爱因斯坦作为伟大的物理学家，他的孙子曾提到，爷爷爱因斯坦最珍爱的物品之一却是小提琴，这说明他在音乐方面也很有造诣。画家达·芬奇不仅擅长绘画，还通晓数学、生理、物理、天文、地质等学科，保存下来的他的大约6000页的手稿就是很好的证明，他既多才多艺，又勤奋多产。我们知道人的左脑擅长逻辑思维，右脑擅长形象思维，这两位名家都是左、右脑有效利用的典范。

绘制思维导图笔记能有效利用人的左脑和右脑，改变过去线性笔记的思维模式。思维导图笔记的特点是以主题为中心向四周发散，配以线条、关键词、颜色等元素，并以图片的形式呈现出来。这种笔记文字比以前少了，但留下的都是关键词；各内容之间的关系用粗细不一的线条连接，让人一目了然，便于记忆；用彩色图片的形式呈现，能发挥人的大脑的认知潜能。所以我们说用思维导图做笔记能显示出明显的优点。

图6-2

与传统的笔记相比，用思维导图做学习笔记有如下优点。

1. 节省时间。只需记忆相关的词可以节省时间50%到90%；只读相关的词可以节省时间90%以上；复习思维导图笔记可以节省时间90%以上；不必在不需要的词汇中寻找关键词可节省时间90%。

2. 重点突出。主题明确，不会偏题；线条粗细不一，分支级别不同；关键词更为显眼，可集中精力学习思考真正的问题；不同的内容用不同的颜色表示，分门别类让人一目了然。从图6-2中，我们就能在较短的时间内了解小学主要课程的主要内容。

3. 便于记忆。关键词可灵活组合，易于在关键词之间产生清晰合适的联想，记忆起来比较容易，关键词配以与内容相关的赏心悦目的小图片或简笔画更强化了记忆。思考如何绘制导图的过程，提高并改善了我们的记忆力和创造力。

4. 启发思维。做思维导图时，易于发散思维，有利于创新。大脑不断地接受新刺激，就会越来越清醒，越来越愿意接受新事物。总之，用思维导图做学习笔记不仅可以显著地提高学习效率，还会让你变得越来越聪明。

三　用思维导图做听课笔记

学习笔记包括听课笔记、复习笔记和读书笔记三类，我们先讨论用思维导图做听课笔记。

对于绝大多数同学，听课笔记只能用手绘，不便用电脑。手绘思维导图要求有彩笔和A4的白纸，所以建议同学们上课时课桌里常备这两种用品。

听课笔记要记什么内容，总体来说要根据听课的内容来确定。如果从学习一篇文章的角度来分析，有些基本的内容是必须要了解的。那就是文章的"主旨、思路、语言"。"主旨"就是文章的中心思想，就是文章通过写什么，说明了什么。"思路"就是文章的结构，是用什么方法表述的，这里也包含文章的主要内容。"语言"就是文章的门面，好比房屋的装饰材料，也正是要学习和品味的。

那么怎样绘制听课笔记的思维导图呢？先用每课章节的标题作为主题。像语文这样的文科类课程，拟定分支可以从作者简介、文章结构、写作特点、中心思想和重点内容等几方面进行。找关键词时，记叙文注重时间、地点、人物、事件；而议论文注重论点、论据和论证方法。文章的重点词句和内容也可以另起分支或作为关键词。

像数学这样的理科类课程,拟定分支可以从定义、定理、应用几方面着手,每个分支的关键词之间应该具有对应关系,写出重要的证明过程,也可以是老师补充的重点。我们也可以根据具体的课堂内容,发挥创造性的思维,具体操作。

图 6 - 3

用思维导图做听课笔记,要注意以下几个问题:

1. 中心主题要按老师所讲的内容确定,但最好与教材章节的标题一致,这样便于以后复习。

2. 从中间开始,向四周扩散。先从右上角画起,按顺时针方向拟出分支,一级分支画粗些,二级分支画细些,注意分支之间的对应关系。

3. 第一遍记录当草稿,不要强调完美。用常用的水芯笔就行,划线条明确关系,记上关键词就行了,把主要精力用于听讲。

4. 课后整理或重画思维导图。注意要用彩笔,按手绘思维导图的要求完成相关内容。也可以课后用电脑绘制。

5. 把听课笔记和预习笔记做一下比较,对做好的导图笔记进行修订和完善,最后标上日期和学科顺序编号,分类保存。

下面是一些听课笔记的思维导图:

"涔涔、伶伶俐俐"等
感受语言美，领悟表达方法　　　词语重点　　　　预备知识　　　作者简介　　朱自清，中国现代
积累词语，学习运用　　　　　　　　　　　　　　　　　　　　　　　　　著名诗人、散文家

作者面对匆匆时光　　　　　　　中心思想　　匆匆　　　　　散文名篇　　《背影》
而产生的无奈与怅惘　　　　　　　　　　　　　　　　　　　　　　　　　《荷塘月色》

巧用修辞　　　　　　　　　　　写作特点　　　　文章结构　　第一部分（第1段）提出问题
句式整散结合　　　　　　　　　　　　　　　　　　　　　　　第二部分（第2—4段）
叠词的运用　　　　　　　　　　　　　　　　　　　　　　　　具体写日子是怎样匆匆的
　　　　　　　　　　　　　　　　　　　　　　　　　　　　　第三部分（第5段）首尾呼应

图 6-4

"真挚、寝不安席、　　　　　　重点词语　　　　作者简介　　季羡林，山东人，
弃养、思潮起伏"等　　　　　　　　　　　　　　　　　　　　文学家、教育家

对母亲和祖国的崇高　　　　　　中心思想　　怀念母亲
敬意和真挚爱慕

开门见山、前后呼应　　　　　　　　　　　　　　　　　　　抓课文主线
结构分明、层次清晰　　　　　　写作特点　　　　品读课文　　品读思母之情
合分分合、情感自然　　　　　　　　　　　　　　　　　　　品读思国之情

图 6-5

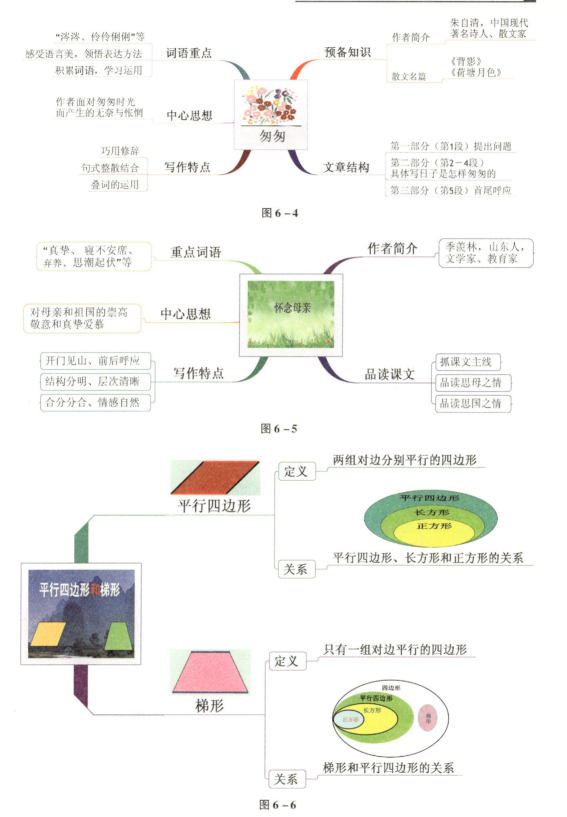

定义　　两组对边分别平行的四边形

平行四边形

平行四边形
长方形
正方形

关系　　平行四边形、长方形和正方形的关系

平行四边形和梯形

定义　　只有一组对边平行的四边形

梯形

四边形
平行四边形
长方形
正方形
梯形

关系　　梯形和平行四边形的关系

图 6-6

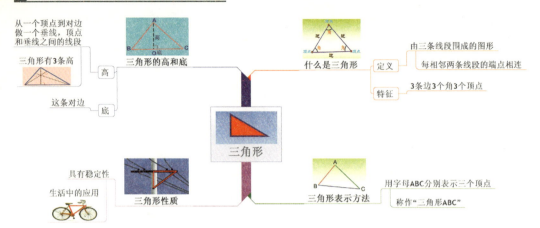

图 6-7

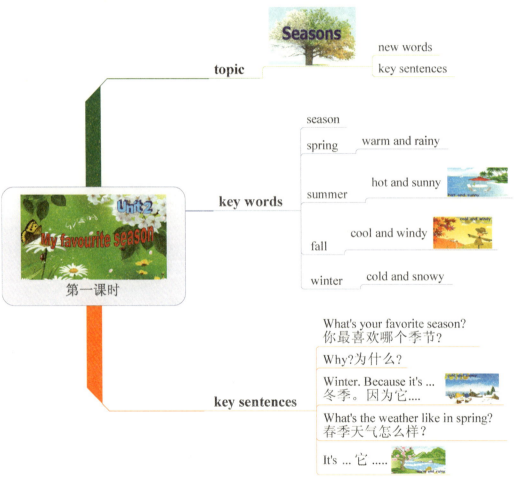

图 6-8

四　用思维导图做读书笔记

用思维导图做读书笔记和做复习笔记具有相同点，就是阅读的内容也是可知、可重复的。一般而言，对喜欢的文章和书籍，同学们自己也很感兴趣，所以做起来会比较得心应手，但要真正做好一篇文章或是一本书的读书笔记也是要下功夫的，功夫不负有心人，付出得多，学习的收获也就越大。

用思维导图做读书笔记，可以用软件绘制思维导图。这是因为读书笔记大多是在一个人能自主的时间里进行的，这个时候便于携带电脑，因而可以用软件做思维导图，当然根据个人喜好，也可以手绘完成。

图 6 – 9

用思维导图做读书笔记要注意以下问题。

1. 要明确你读这篇文章的目的。阅读大致分为四种，即速读——大致了解文章的内容；诵读——朗诵和背诵；品读——品味语言和内容；研读——研究性的阅读。

我们看小说、报刊文章、课外书籍等读物大都是用速读的方法。通过快速阅读，了解文章的主旨和思路，没必要每篇文章都去研究和分析，我们也没有那么多的时间。这类文章，如果我们认为有价值和时间，可以做一幅思维导图笔记。如果没有时间和兴趣，也就没有必要做笔记了。

而小学生教材上的课文大都需要研读，有的至少需要品读和诵读。对于这类文章，小读者有必要做读书笔记。

2. 要明确读书笔记要记的内容。当然，要记什么内容总体来说要根据小读者的喜好来确定，但从学习文章的角度分析，有些基本内容是要了解的，那就是文章的"主旨、思路、语言"，前文提到，就是文章的中心思想、文章结构和写作特点。做读书笔记，最好有这些内容。

3. 无论是一篇文章还是一本书，在读第一遍时不要急于画思维导图。只需要在文章或书上做一些标注，注明重点内容、关键词就行了。

4. 当读完第一遍后再回过来看第二遍时就可以动手画思维导图了。画思维导图笔记的重点是确定一级分支，以及二级分支上的关键词。特别是提炼关键词，就需要你的大脑积极参与了。

5. 不要指望一次就能把思维导图笔记做得非常完善。一幅好的思维导图读书笔记有一个不断完善的过程，你这一次认为很好了，说不定下次看这幅思维导图时会感觉还要修改一些内容。这很正常，因为人们的理解和认识也在不断深化。

6. 对做好的思维导图读书笔记要注意分类保存。最好的方法是将思维导图导出一张图片，与原件分开保存。这样就会做到有备无患。

下面是一些读书笔记的思维导图：

图 6－10

图 6 - 11

图 6 - 12

下面是一篇《小学英语阅读 100 篇天天练》里的文章，在看完它的思维导图后，你是不是就能清楚回忆出文章的内容呢？

My Grandma likes Gardening

My grandma is over sixty, but she still likes gardening very much. When she is busy with her work in the garden, there is always a smile on her face.

She grows all sorts of plants in her garden. She works very hard and looks after them every day. So all the plants in her garden grow well. When you come to visit her garden, you can find beautiful flowers there.

My grandma not only waters the flowers, grass and trees but also lets them listen to some music. She says music helps them grow well. Maybe that's true. She's really a clever lady. On weekends my parents and I visit her and help her take care

of the garden. When we leave, she always gives us some flowers. I love my grand-
ma and her pretty garden.

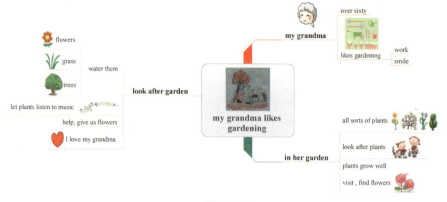

图 6－13

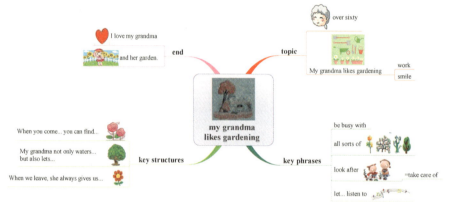

图 6－14

　　从以上读书笔记可以看出，用思维导图做笔记是把书读薄最有效的方法，同时也是记住图书内容最有效的方法。时间长了，即使你拿到以前读过的书，常常也记不清楚书里的内容了，但你要是看了当时用思维导图做的读书笔记，你就会从整体上回忆起这本书的内容。如果你中途能多看几次这张思维导图，就不会忘记这本书的内容了。

本课练习

　　1. 请就本节课的内容用思维导图绘制听课笔记。
　　2. 请根据人教版小学四年级语文下册第一组第二课《桂林山水》，绘制一幅思维导图的读书笔记。

第七课 | 用思维导图解题

我们说思维导图是一种简单、高效、形象化的思维工具和学习工具，所以用思维导图解题的作用主要体现在其思维工具的属性上。无论是客观题还是主观题，在解题时的首要问题是要找到解题思路，有了正确的解题思路，一切问题就都好办了。思维导图在解题时的主要功能就是帮助我们找到正确的解题思路。

一　解题模型

解题，从思维的角度来讲是有规律的。无论是主观题还是客观题，在解题时第一步是要审题，就是要了解题目给了什么条件，提出了什么要求，领会了题目的意思后就要考虑第二步，找解题的思路了。

找解题思路一般也有规律，先要分析出题者的目的。出题人为什么要出这道题？一般来说，老师出题让学生做是为了检查学生对已学知识掌握的情况。因为知识点的不同，老师出的题也就不同。而且在出题老师的心里，每道考题都是为了对应检查某个知识点而设立的。如果同学们在做题时了解了出题老师的用意，解这道题就有思路了。

我们利用思维导图的思维工具特征，建立了一个通用的解题模型，又称"三步解题法"。如下图：

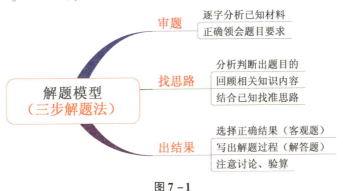

图 7-1

这个解题模型给我们提供了一个科学的思维模式，无论是主观题还是客观题，只要按这种模式去思考，就能找到正确的解题思路。下面我们就用例题来讲解如何运用思维导图解题模型解数学题。

二 应用举例

例1：甲、乙两城相距680千米，一辆汽车从甲城开往乙城，行了4小时后，距乙城还有440千米。则这辆汽车的平均速度是每小时_____千米。

A. 40 　　　　B. 60 　　　　C. 80 　　　　D. 100

第一步：审题

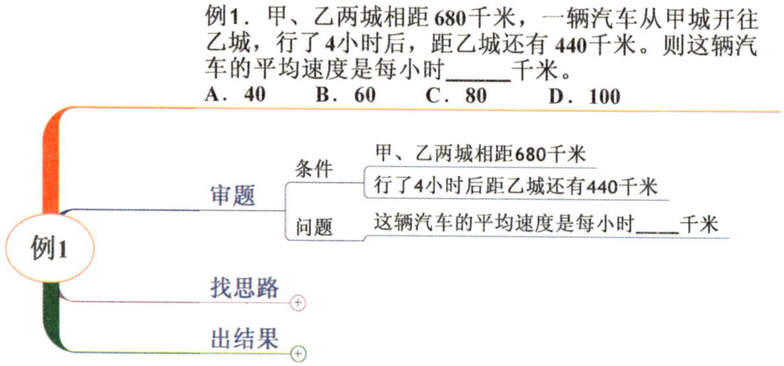

例1. 甲、乙两城相距680千米，一辆汽车从甲城开往乙城，行了4小时后，距乙城还有440千米。则这辆汽车的平均速度是每小时_____千米。

A. 40 　 B. 60 　 C. 80 　 D. 100

例1
- 审题
  - 条件
    - 甲、乙两城相距680千米
    - 行了4小时后距乙城还有440千米
  - 问题
    - 这辆汽车的平均速度是每小时_____千米
- 找思路
- 出结果

图 7 – 2

第二步：找思路

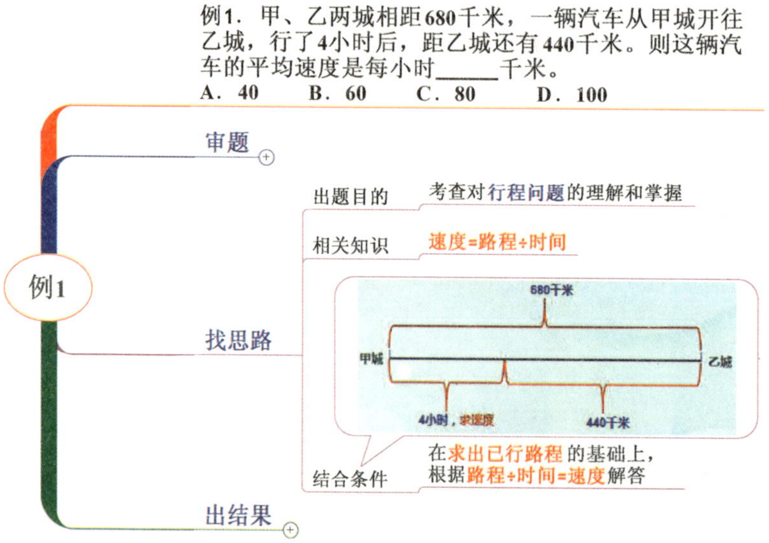

例1. 甲、乙两城相距680千米，一辆汽车从甲城开往乙城，行了4小时后，距乙城还有440千米。则这辆汽车的平均速度是每小时_____千米。

A. 40 　 B. 60 　 C. 80 　 D. 100

例1
- 审题
- 找思路
  - 出题目的：考查对行程问题的理解和掌握
  - 相关知识：速度=路程÷时间
    - 680千米
    - 甲城 乙城
    - 4小时，求速度　440千米
  - 结合条件：在求出已行路程的基础上，根据路程÷时间=速度解答
- 出结果

图 7 – 3

第三步：出结果

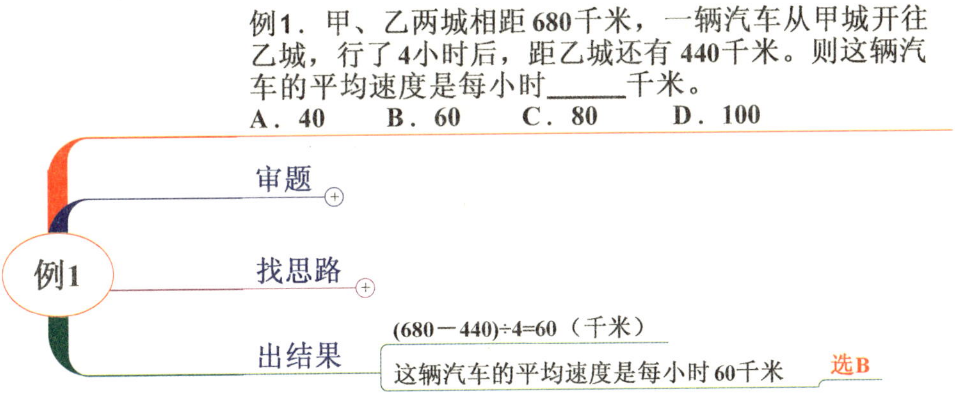

例1．甲、乙两城相距680千米，一辆汽车从甲城开往乙城，行了4小时后，距乙城还有 440千米。则这辆汽车的平均速度是每小时_____千米。

A．40　　B．60　　C．80　　D．100

例1
- 审题 ⊕
- 找思路 ⊕
- 出结果　(680－440)÷4=60（千米）
　这辆汽车的平均速度是每小时60千米　**选B**

图 7-4

总的思维导图如下：

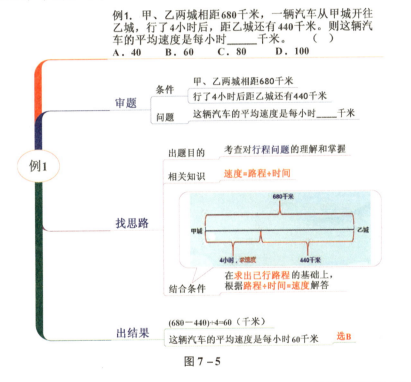

图 7-5

例2：兴旺村原来有一个宽20米的长方形鱼池。后来因扩建公路，鱼池的宽减少了5米，这样鱼池的面积就减少了150平方米。现在鱼池的面积是_____平方米。

第一步，审题：

兴旺村原来有一个宽20米的长方形鱼池。后来因扩建公路，鱼池的宽减少了5米，这样鱼池的面积就减少了150平方米。现在鱼池的面积是＿＿＿＿平方米。

图 7 - 6

第二步，找思路：

兴旺村原来有一个宽20米的长方形鱼池。后来因扩建公路，鱼池的宽减少了5米，这样鱼池的面积就减少了150平方米。现在鱼池的面积是＿＿＿＿平方米。

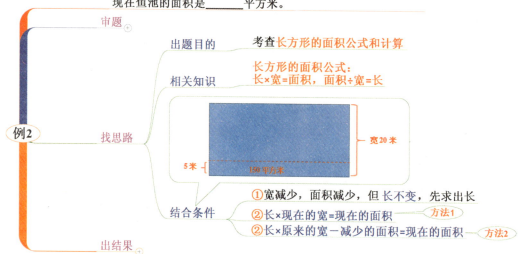

图 7 - 7

第三步，出结果：

兴旺村原来有一个宽20米的长方形鱼池。后来因扩建公路，鱼池的宽减少了5米，这样鱼池的面积就减少了150平方米。现在鱼池的面积是＿＿＿＿平方米。

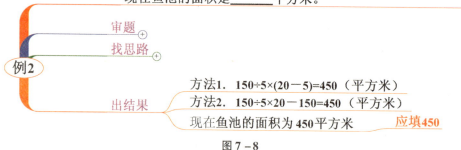

图 7 - 8

总的思维导图如下：

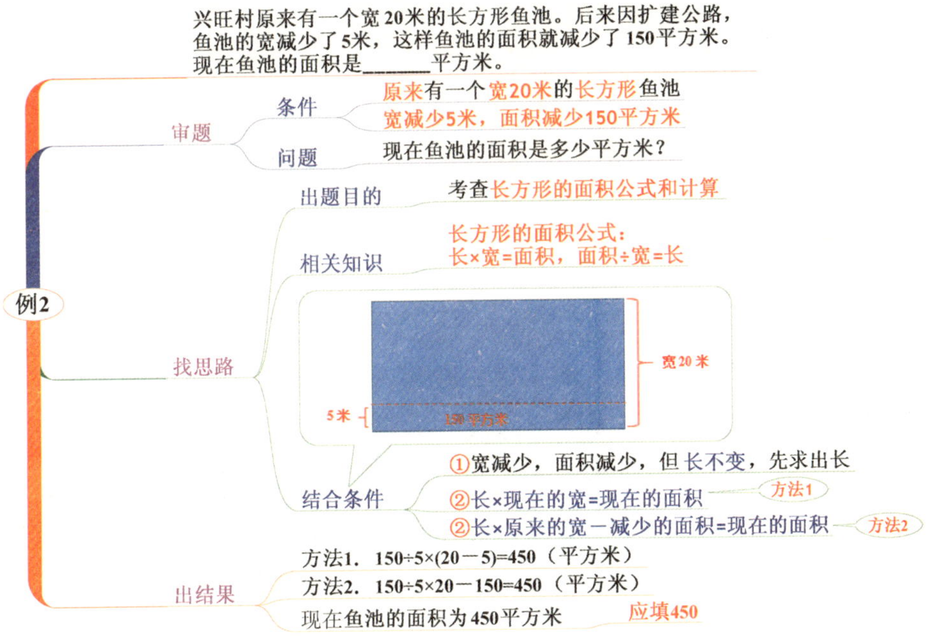

兴旺村原来有一个宽20米的长方形鱼池。后来因扩建公路，鱼池的宽减少了5米，这样鱼池的面积就减少了150平方米。现在鱼池的面积是_____平方米。

例2

审题
　　条件 —— 原来有一个宽20米的长方形鱼池
　　　　　　 宽减少5米，面积减少150平方米
　　问题 —— 现在鱼池的面积是多少平方米？

找思路
　　出题目的 —— 考查长方形的面积公式和计算
　　相关知识 —— 长方形的面积公式：
　　　　　　　　 长×宽=面积，面积÷宽=长

　　结合条件
　　　　① 宽减少，面积减少，但长不变，先求出长
　　　　② 长×现在的宽=现在的面积　　方法1
　　　　② 长×原来的宽－减少的面积=现在的面积　　方法2

出结果
　　方法1. 150÷5×(20－5)=450（平方米）
　　方法2. 150÷5×20－150=450（平方米）
　　现在鱼池的面积为450平方米　　应填450

图 7－9

　　以上是用思维导图解题的一些实例。需要说明的是，也不是所有题目都必须用思维导图来找思路，有的题目一看就明白，而且思路清晰，也就没必要去画思维导图了。而对一些较为复杂的题目，特别是看题后一下子没有解题思路的题目，最好用思维导图按以上方法分析一下，这样对解题非常有帮助。同时，也不是所有的思维导图都必须完整地画出来，有的只需要我们的大脑按这个解题模型进行思维就行了。

　　以上我们只讲了用思维导图解数学题的实例。其实，无论数学题，还是语文题、英语题以及物理题、化学题等题目，使用思维导图解题模型，都可以帮助我们找到正确的解题思路，得出正确的结果。

本课练习

用思维导图模型解下列题目：

1. 甲、乙两城相距163千米，一辆汽车从甲城开往乙城，速度是每小时50千米，行驶了3小时，此时这辆汽车离乙城还有多少千米？

2. 一个长方形的操场，长40米，宽20米，扩建后长增加了15米，宽增加了5米，现在的操场面积比原来多了多少平方米？

作文是字、词、句、段等语文知识的综合运用。在小学阶段要求会写简短的记叙文。要做到思想健康，内容具体，条理清楚，语句通顺，书写工整，注意不写错别字。要正确使用学过的标点符号。要会写常用的应用文：留言条、请假条、板报稿、日记、书信、通知及简单的读书笔记和会议记录等。

很多同学都觉得作文很难写，为什么会有这种感觉呢？根本的原因就是没有找到一个简单易行的写作方法。今天带领大家一起学习最简单的写好作文的方法——用思维导图写作文。

用思维导图写作文，首先要绘制出思维导图作文模型。用这个模型审题、构思，就再也不怕写作文了。

请看下面的思维导图

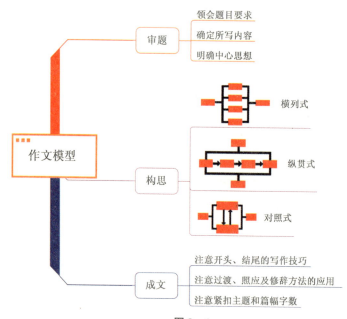

图 8 - 1

这就是我们构建的思维导图作文模型。

从这个模型来看，作文其实很简单。总共只有三步，即审题、构思、成文，所以，我们也把这种作文方法叫做"三步作文法"。下面，就这个模型的含义给同学们做一些说明。

请看模型的审题部分，共有三个内容。

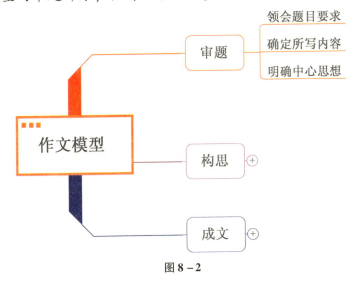

图 8-2

1. 领会题目要求。如题目要求写《我的老师》，就不能写《我的父亲》《我的母亲》。题目要求写《一次快乐的旅行》，就不能写你爱玩的各种游戏。领会题目要求，文章才能不跑题，不会谬之千里。

2. 确定所写内容。天下所有文章的内容都可以用三个字来概括，即情、志、理。不管你是什么文章，其内容要么是抒情，要么是言志，要么是说理。因而围绕情、志、理做文章就不会出问题。

3. 明确中心思想。中心思想就是你写文章的目的，你想通过你的文章表达一个什么意思。是想抒情，还是想言志，或是说明一个什么道理。中心思想是文章的灵魂，需要积极向上，为社会增添正能量。

审题按照要求做好以后，接下来要构思文章的结构。文章内容无论你怎么写也逃不出这样的几种结构，包括横列式、纵贯式、对照式、扇面式、子母式、环套式等等。在小学阶段我们主要应用的是前面三种结构，只要掌握了这三种结构，构思的文章就能做到内容完整、条理清晰，如果再加上语言修饰，那就能拿到高分了。

1. 横列式结构

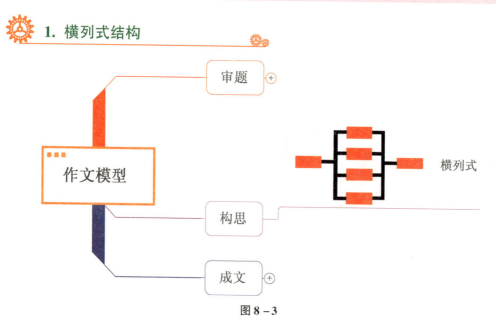

图 8 - 3

横列式从结构图看，左边的是开头，中间的是正文，右边代表的是结尾。单纯看可能感觉比较抽象，我们举例说明：比如写《我的老师》这篇文章，开头可以写，在你的学生生涯中，遇到过很多很多老师，有一些老师却给你留下了不可磨灭的印象。按照横列式结构的构思，中间可以写语文老师怎么样、数学老师怎么样、体育老师怎么样……最后结尾你要归纳出这些老师身上共有的优秀品质，比如他们对学生的耐心教诲，比如他们的爱岗敬业，比如他们的无私奉献，比如他们高超的讲课技巧等等，与开头呼应，就是这些品质，影响和帮助了你，让你终生难忘。（见图 8 - 4）

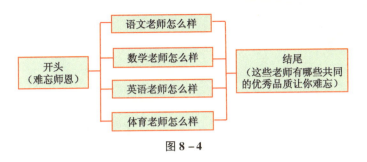

图 8-4

2. 纵贯式结构

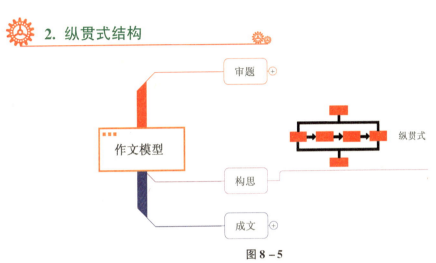

图 8-5

用纵贯式结构怎么写《我的老师》这篇文章呢？上边的是开头，中间的是正文，注意中间的正文，每个板块之间用的是箭头链接，这代表他们是层层递进的关系，下边是结尾。

开头我们可以参照横列式结构的开头，那中间正文用纵贯式结构怎么写呢？写从小到大的老师：小学的老师是怎么关怀你的，初中的老师是怎么陪伴你成长的，到了高中老师又是如何与你一起共同面对学业的。最后结尾可参照横列式文章结尾。(见下图)

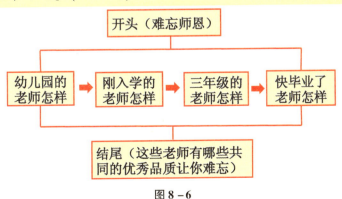

图 8-6

3. 对照式结构

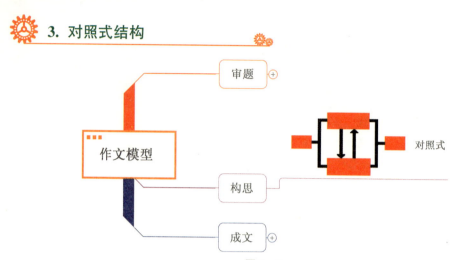

图 8-7

　　对照式结构的文章怎么写《我的老师》呢？在我们学习生活中会遇到时尚的、开朗的老师，也会遇到严肃的、内向的老师。我们会遇到温柔教导我们的老师，也会遇到严厉批评我们的老师，这就是两组对照。但是不管是什么样的老师，他们都在用不同的方式给予我们同样的关怀，纠正我们的错误。如果按照这样的结构来写《我的老师》，那也会是一篇不错的文章。（见图 8-8）

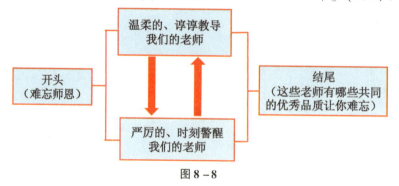

图 8-8

　　上面我们介绍了三种不同类型的文章结构。注意，我们在写某一篇文章时，你只需要在这三种结构中任选一种就行了。至于到底选哪一种，则要根据你掌握的素材来确定。

　　审题和构思在思维导图上标写清晰以后，那么就要把这些内容落实到纸上，最后成为一篇优秀的文章。

在成文的过程中，请同学们注意以下三点：

1. 注意开头、结尾的写作技巧。

常见的开头方法有：

开门见山，直截了当。说明情况，交代背景。描写环境，渲染气氛。提出问题，引人入胜。巧讲故事，引起关注。先说结果，倒叙开头。

常见的结尾方法有：

事情完整，自然结尾。总结主题，抒发感受。照应开头，篇末点题。含蓄结尾，引人入胜。

2. 要注意文章过渡、照应及修辞方法的应用。

过渡要做到自然灵活、承上启下、语言连贯、彼此衔接。办法一般有过渡段、过渡句及过渡词三种。

上下文之间的互相呼应，就是照应。照应方法一般有三种：前后照应、首尾照应和正文与标题照应。

编写文章时，适当使用我们学习过的排比、比喻、对比等修辞方法，可以使文章生动、形象，为文章增色不少。

3. 要注意突出重点、紧扣主题，并要控制文章的篇幅字数。

要根据题目要求确定写作的重点。如《记一位值得尊敬的人》，要明确题目的重点是"尊敬"。值得尊敬的原因，就是文章的主题，写作时要紧扣这个中心。

根据主题和素材构思作文结构，根据素材和要求确定篇幅的长短。特别是考试的时候，文章的字数都是有明确要求的，不能过长，也不能过短。

本课练习

请以《我的同学》为题，完成以下任务。

1. 写出此文想要表达的中心思想。

2. 用思维导图作文模型完成构思，并按教材中图8-4、8-6、8-8的样式写出文章的结构示意图。

3. 在以上三种结构式中选择一种，并写成文。（不超过500字）

第九课 用思维导图作文

上一节课，我们学习了用思维导图作文模型审题、构思和成文的方法，在这一节课里，我们将和同学们一起探讨如何用思维导图作文的方法来写事、写人和写景。

一 用思维导图作文——写事

无论记事写人，都离不了事。认真写好一件事是写好记叙文的关键。

记叙一件事（或一项活动），要有条理。要把事件的时间、地点、人物、起因、经过和结果掌握清楚，然后按一定的顺序记叙下来。

一般来说，记叙的顺序可按时间的先后、事物发展的顺序或地点变换、方位推移的顺序来写。但有时为了增强表达效果，也可采用倒叙或插叙的方法。

1. 掌握记叙一件事的方法

所谓叙事，就是以完整地叙述一件事的发生、发展、结局来表达作者的思想感情的一种文体。要把一件事情写清楚，有三种方法：一是按事情发展顺序写；二是按时间的推移顺序写；三是空间位置的变换顺序写。无论按哪种顺序都必须要把事件的时间、地点、人物、起因、经过和结果这"六要素"交代清楚。

2. 掌握记叙几件事的方法

有时，为了说明某一主题，一篇文章需要写几件事，但记叙几件事必须围绕同一个中心来写，不能几件事有几个中心。除此之外，还要注意几件事间的衔接、过渡。

 3. 掌握描写场面的方法

　　写事，有时需要对场景进行描写。要写好场面，离不开观察。观察时要有目的，有重点，有顺序。场面描写以"动"为主，要刻画特定环境中的活动，使整个场面有静有动、有声有色，形象真实而富有浓厚的生活气息。场面有两种情况：一是自己参加进去的场面；二是自己看到的场面。描写场面，要有一定的线索和一定的顺序，常用以下几种方法：一是由主要的到次要的；二是定点观察，按空间顺序描写，按一定的方位顺序去表达；三是采用"移步换景法"，按自己活动的顺序去观察。

 4. 掌握记叙活动的方法

　　活动是指有目的、有计划、有组织、有准备、有许多人参加的一系列行为的总称。记叙活动，开头也要和记叙文一样，先交代一下活动的时间、地点和人物，接着写活动的开始、经过和结果，重点是写活动的经过。

　　那么如何用思维导图建立的作文模型来写事呢？以下面两个作文题为例，我们看看是如何写作的。

　　例1：以"记成长中的一件事"为题目作文。

　　按照思维导图作文模型的步骤，先审题。

　　领会题目要求：这篇作文的题目要求我们写成长中的**一件事**。

　　确定所写内容：确定写自己的一件事——电子琴考试。

　　明确写作目的：通过写自己参加并通过了电子琴考试，说明自己进步了、长大了，同时也说明，只要付出了努力，就会有收获。

　　按照模型构思：用纵贯式完成作文，结构如下：

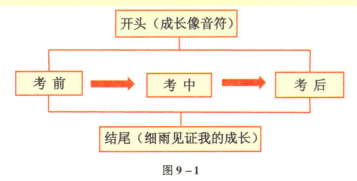

图 9-1

请看下面的范文。

电子琴考试

　　成长像一架钢琴，成长中的事像钢琴上跳动的音符，一个个音符谱成了一首首美妙的乐曲，也谱成了我的快乐童年。

　　记得那是今年的盛夏，我要去参加电子琴九级考试。这天早上，细雨不期而至，悄然无声地飘落着，像是无数蚕娘吐出的银丝，也给我带来了一些好的心情。

　　我和妈妈伴着丝丝细雨来到等候厅。刚到没多久，就被监考老师叫进练习室练习曲子。偌大的练习室显得那么空旷，我把音量放小，想认真地练习，可是紧张的心情怎么也平静不下来。我摸了摸自己的胸口，像揣了只小兔子一样，咚咚直跳，半握拳的手心里也满是汗水。我在心里不断地对自己说："要冷静，要冷静——"可依然紧张得要命。我不禁扭头看看其他同学，他们都在认真地练习，想想这几年为了练好琴，爸爸、妈妈和自己所付出的努力，今天该是收获的时候了。想到这里，我深深吸了口气，努力使紧张的心情平静下来。

　　听到监考老师喊我的准考证号，我略带紧张地走进考场，把自己的名字报给监考老师，然后坐到琴旁。做好一切准备工作后，回忆了一下曲子的旋律，我深深吸了一口气，带着自信的微笑开始演奏。手指在琴键上跃动着，悠扬的乐曲从我的指尖流淌出来。我仿佛看到，静静的江水溅起晶莹的水珠，圆圆的荷叶上有小青蛙在跳动，花开得正艳，像给大地穿上了花衣裳，弯弯的月亮像一条小船悬挂在高高的夜空中……我依次弹完了九级曲目，轻轻关上琴。我抬头看到监考老师正微笑着对我点点头。我知道我成功了，这么多年的努力总算没有白费。

　　那天从考场出来，雨丝还在飘着，带着湿热，拂在脸上像孩子软乎乎的小手，滑腻而亲切。我喜欢这细雨，因为它见证了我的成长过程。

　　点评：文章开头用抒情般的语言介绍自己的童年——就像是音符谱成的一首首美妙的乐曲。这么写的目的一方面是为了抓住读者的眼球，进入到美妙的童年中去；另一方面是为了引出下文，因为作者本身就是学电子琴的，只有喜爱音乐的人，才能够把成长与音乐联系起来。这样开头，十分高明。

　　第二自然段：寓情于景，情景交融，景物衬托心情，也渲染了考试的紧张气氛。

第三自然段：这段心理描写得活灵活现，好像我们就是作者本人，在感受着临考前的那种紧张气氛。

第四自然段：这段对考试中的描写用词准确，并将音乐变成一副美丽的图画呈现在我们的面前，在这次考试中，小作者不仅收获了成绩而且还收获了自信，收获了这件事带给她的一次成长体验。

文章结尾与前文情景呼应，点明主题，电子琴考试这件事见证了自己的成长过程，同时也说明，只要有付出，就会有收获。

二 用思维导图作文——写人

写人作文，顾名思义，人物是主要描写对象，事件是为突出人物的性格特点和思想品质服务的。因此写人时，不仅要抓住人物的特点来写，选用的事例，要更能突出人物思想以及文章所要表达的中心思想。同学们拿到写人作文题目时，不妨参照以下几个写人作文类型：

（一）通过一件事写人。写这一类的作文要注意以下几点：

1. 选取事例要典型。反映一个人精神面貌的事例有很多，通过一件事写人就要选取最有代表性、最深刻、最生动的事例来写。

2. 事件的发展过程要叙述完整，描写要具体。事件描写得完整，才能足以表达人物思想；描写具体，人物形象才有血有肉、丰满动人。

（二）通过几件事写一个人。要注意以下几点：

1. 选取的几件事例不能相互矛盾，人物的性格在几件事中要和谐、统一。

2. 要从不同侧面表达中心思想，使得描写的人物形象更立体、丰满，更具说服力。

3. 概括交代和具体描写相结合。在一篇简短的作文中要用几件事写一个人，不可能将每一件事都详细叙述，要详略得当。

（三）刻画人物

通过人物的外貌、语言、动作、神态、心理活动等刻画人物形象。这类描写要有利于文章中心思想的表达，刻画人物形象突出、鲜明，写出来的文章才是好文章。

下面将举例说明，用"三步作文法"构思写人的。

例2：写一个你熟悉的人，要通过具体的事件来表现出人物的特点。文章语句要通顺，表达完整。题目自拟。

第一步，审题。

题目要求写熟悉的人。这个人可以是爸爸妈妈、兄弟姐妹、爷爷奶奶，也可以是老师同学，也可以是亲戚朋友等等。只要是你熟悉的人，值得写的，都在写作的范围之内。

写人，要写人身上积极正面的良好品质和性格，如乐于助人、拾金不昧、见义勇为、活泼开朗、幽默风趣、乐观向上等。这些美好的品质和性格都是值得我们很多人学习的。

通过写人要达到什么目的呢？也就是要明确这篇文章的中心思想，如写这个有趣的人，是为了说明因为他的乐观、风趣、幽默和乐于助人的良好品质，让我们的生活充满了快乐和幸福。

图9-2

第二步，构思。

要写这个有趣的人，可通过几件跟他"有趣"相关典型的事例来写，采用横列式结构试试看，画出思维导图如下：

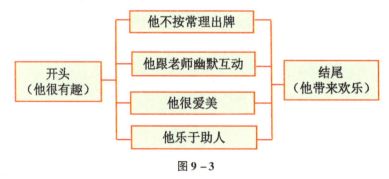

图9-3

第三步，成文。

最后，用自己最擅长的、优美生动的文字编写文章。

下面是唐丹羊同学写的作文——《有趣的"疯羊"》：

有趣的"疯羊"

唐丹羊

我们班的"疯羊"是个有趣的人，他可真是无人不知、无人不晓啊！他可不是真的疯羊，他的名字叫羊锋，大家戏称他为"疯羊"。

说他有趣，一点也不假。上课铃响了，老师对大家说："同学们好！"头脑不清醒的"疯羊"便大声地应道："老师再见！"惹得大家哈哈大笑。

"疯羊"其实挺聪明，成绩还不错。有一回上语文公开课，老师问谁来给多音字"禁"组个词。"疯羊"站起来说："禁，禁止；禁，情不自禁。"老师说："很好！""疯羊"便向老师鞠了个躬，说了声："多谢！多谢！"老师也搞笑地说："不客气，不客气！"他们师徒俩一唱一和，公开课气氛一下子活跃起来。

"疯羊"很爱美。总爱把头发向上甩一下，问大家："帅不帅？"有时还在同学们面前耍几下太极拳，如果老师表扬他几句，他就把手一举，说："鼓掌！鼓掌！"更加得意忘形了。

"疯羊"乐于助人。有一次，班上有个同学生病了，整天躺在宿舍，有点想家。"疯羊"知道后，每天都去宿舍看他，不仅送菜送饭，还讲一大堆让人捧腹的笑话。不久，这个同学的病好了，他的父母当面感谢"疯羊"，"疯羊"说："不用谢，过些日子，我要改姓雷了。"说完便大笑起来。

这就是我的同学"疯羊"，他总是让我们捧腹大笑。

点评：开头点明"疯羊"是个有趣的人，为下文做铺垫。

文章的主体部分分别列举了描写"疯羊"的幽默、聪明、爱美、乐于助人的具体事例，但"有趣"的主题始终贯穿其间，通篇紧扣主题。

文章结尾揭示中心，概括之语短促而有力。

写人要具体生动地展现人物的言谈举止和精神风貌，要通过具体生动的事例来表现人物的思想品质。要把人物写"活"，就要有具体生动的描写。这篇写人记叙文，讲的是同学"疯羊"的"个性"。全文充满童趣，让人捧腹。结构上，一个特点占一段，然后用典型事例加以记叙，条理清晰，脉络分明。所记的事例很典型，形象生动地刻画了人物的性格特点；加之语言、动作、神情等方面的细节描写，一个活脱脱的有趣、聪明、爱美且乐于助人的"疯羊"形象便站在我们面前了，血肉丰满，鲜活生动。

三 用思维导图作文——写景

写景，要按照一定的顺序来描写，写出来的文章才有条理。一般有以下几种描写顺序。

一是按方位顺序，方位包括上下、左右、内外、前后等。运用方位顺序进行描写，不仅能清晰完整地再现景物，而且还能增加景物的立体感。

二是按照景物类别顺序。景物类别有自然景物和人文景物，按照不同的景物类别来安排描写顺序，如先写山、后写水、再写人。这是写景作文中比较常用的一种描写顺序。

三是寓情于景，按照作者的思路变化顺序来写，有些像"意识流"小说的风格。该顺序往往不拘泥于对景物本身的表现，而在于对作者内心情感的表达，这种描写方法比较适宜写作功底深厚，能轻车熟路自在驾驭语言文字的人使用。

了解了写景顺序，下面我们举例说明，用"三步作文法"如何构思写景文章。

例3：以"美丽的故乡"为题作文。

第一步，审题。

题目要求写美丽的故乡。写故乡，想写故乡四季美丽的风景，该怎么写呢？首先明确写作目的，我们写故乡四季美丽的景物，仅仅是为了写景物吗？写景是为了抒发情感，写故乡的景一定是因为你爱你的故乡，爱这里优美的四季风光，爱这里的人。因此文章的中心思想可以确定为：故乡四季美，人更美，抒发热爱故乡之情。通过以上分析，我们画出思维导图如下：

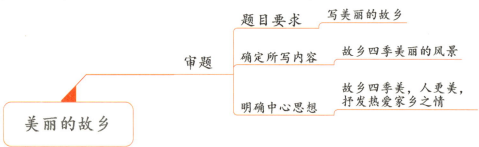

图 9-4

第二步，构思。

根据审题分析，可得出文章构思如下：

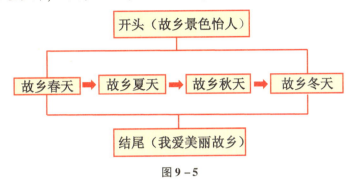

图 9 – 5

第三步，成文。

最后，按照构思完成作文。

下面来看例文：

美丽的故乡

我的故乡很美丽，那里四季如画、景色怡人。

春天，我的故乡绿草如茵，繁花似锦。绿树抽出了枝条，鸟儿在欢快地唱歌。放眼望去是连绵不断的山岭，在春天的映衬下，仿佛一张毛绒绒的地毯，直到天边。一朵朵婀娜多姿的花儿在点缀着高山，引来各色的蝴蝶；在山的深处是一排排形状各异的梯田，顾名思义，就是像楼梯一样的稻田；一条条弯弯曲曲的小路把稻田分成了千变万化的形状，有的像月牙，有的像小船，有的像镰刀……在春天秧苗生长的时候，那嫩绿的颜色把故乡装扮得更加美丽了。

夏天，烈日吐火，但是故乡的山上满是树木，在树阴的遮蔽下，人们非常凉爽惬意地听着知更鸟在放声歌唱。种在山上的西瓜熟了，故乡的西瓜又圆又大，和那空中的圆月一样圆；切开一看是红通通的果肉，清甜可口；黑色的瓜籽，如那黑黝黝的眼睛。

秋天，是一片金黄色的稻谷。微风吹过，稻谷开始唱起一首首和谐的歌曲。这时，辛勤的农夫正在收割稻谷，稻谷的歌声和收割的欢笑声交织在一起，成就了丰收的交响乐。

冬天，虽然树叶变黄，随风飘落，但是路边的小草依然在寒风中倔强挺立着。它们告诉你："冬天来了，春天还会远吗？"

这就是我美丽的故乡，我最喜欢的故乡。

点评：文章开头直奔主题，"四季如画、景色怡人"两个成语自然过渡到下文。

文章主体部分分别从春、夏、秋、冬四个季节的景色来描写故乡，紧扣主题。

文章结尾文字简洁，以抒情结尾，抒发了对美丽故乡的热爱之情。

描写景物，适当运用比喻、拟人手法，能把景物描写得更加生动。比喻用得贴切、浅显易懂，能使所描写的景物更加美丽动人，给人留下深刻而鲜明的印象。用拟人方法描写景物，能使景物更生动、形象，增加文章的感染力。《美丽的故乡》这篇文章文笔很优美，多处用了拟人和比喻的手法，写活了故乡的景物，让人仿佛身临其境。

用思维导图"三步作文法"写作文，可以让写出来的文章更有条理、更有章法、更有水平。就算是作文水平一般的同学，利用思维导图来训练写作文，写作水平也会得到明显提高。因为画思维导图的过程，也会整理我们的思路，让思路更加清晰明确。

用思维导图作文模型确定好文章的中心思想和结构后，再动笔去写作文，就不会出现写不下去、不知道写什么、想到什么写什么、最后写成一盘散沙等情况。因此，长期用思维导图作文模型训练写作文，不仅可以提高写作水平，而且还可以提高思维品质，让思维更有条理、更开阔。所以说，用思维导图写作文，是一举多得、事半功倍的好方法。

本课练习

用思维导图的方法构思并完成以下作文。

1. 作文题：拔河比赛
2. 作文题：我的妈妈
3. 作文题：美丽的校园

思维导图在知识梳理中的作用非常显著，特别是在复习备考的时候。在介绍其应用之前，先给大家讲讲爱德华·休斯的故事。

英国伦敦有一位小伙子，他叫爱德华·休斯。休斯是一个成绩平平的孩子，老师给他的评价是"相当一般，各科成绩都为中等水平"。对于一心想要进入剑桥大学的休斯来说，这样的成绩根本没有可能叩开剑桥大学的大门。

一个偶然的机会，休斯的父亲乔治向他推荐了一本书。这本书全面介绍了如何绘制思维导图。乔治欣喜地向沮丧的儿子诉说学习思维导图之后的新变化，以及他是如何把思维导图运用在自己的学习和研究之中的。

休斯被热情十足的父亲打动了。他决心利用思维导图打一场"翻身仗"，进军剑桥大学。然而，老师们却并没有被休斯的热情感染。相反，大多数老师都在劝休斯能够"脚踏实地"地做事，放弃去剑桥的梦想。当休斯提出要参加剑桥大学的考试时，校长无情地浇了盆"凉水"。他认为像休斯这样的学生去参加考试无非是浪费学校的钱，无奈之下，休斯只能自掏腰包去报名剑桥的考试。

与老师和校长们的怀疑相比，休斯的意志可是相当坚定，他对这些怀疑论者的回答十分简单："我一定会得A。"（英国的成绩是以 A、B、C、D 来分级的）

在参加剑桥大学的面试时，学监明确表示爱德华·休斯被录取的可能性非常小。与休斯的老师和校长不同，尽管不抱希望，学监还是负责地告知了被剑桥录取的条件：底线是两个 B、一个 A（相当于我们中国的录取最低分数线），更有把握的成绩是两个 A、一个 B，或者 3 个 A。最后，学监意味深长地祝休斯好运。这实际上是在暗示休斯没有可能进入剑桥大学。

学监的"祝福"不但没有浇灭休斯的热情，反而让休斯的斗志更加昂扬了。休斯找来高中的笔记，把它们都画成思维导图。在一次又一次的总结和整理中，这些零散的思维导图逐渐被合并在一起，形成越来越大的思维导图，并最终形成以科目为单位的、巨大的思维导图。

休斯每天坚持画思维导图，并经常尝试着在不借助任何资料帮助的前提下回忆思维导图，并把回忆出来的导图与原来的导图做对比，寻找差别。这样的学习方式让休斯可以十分精确地在各学科的知识之间"穿行"。他的自信随着思维导图的绘制变得越来越强烈。

最终，爱德华·休斯参加了四门考试，得了 3 个 A 和一个优秀。成绩揭晓的那一天，休斯在剑桥大学首选的学院就接受了他的入学申请。

类似于爱德华·休斯的例子在我们身边也有。山东省有个学生叫王姝，是一个非常普通的女孩，在小学五年级的期末考试中成绩只排到中游。就在五年级的下学期，一个比较偶然的机会，王姝同学聆听了一场关于思维导图的讲座。在随后的一年多的时间中，王姝同学坚持用思维导图梳理知识进行学习，学习成绩显著提升。在第二年的小升初的考试中，王姝同学以优秀的成绩考上了山东大学附属中学。

其实类似的实例还有很多，在这里不能一一列举。下面我们来讨论用思维导图梳理知识在学习中是怎样发挥作用的。

 一　用思维导图梳理知识的好处

梳理知识的过程，就是对已经学过的知识进行复习巩固的过程。特别是在备考的时候，如果你能用思维导图梳理知识，确实能收到事半功倍的效果。

1. 有利于加深对知识的理解

平时我们对一个一个知识点的学习，往往是只见树木、不见森林。而思维导图能直观地表现出各知识点之间的联系以及相互关系，能帮助我们在头脑中建立清晰、完整、形象的知识结构体系。特别是在梳理知识的过程中，往往会让我们有一些新的体会，有助于我们加深对已学知识的全面理解。

2. 有利于促进对知识的记忆

　　思维导图的发明者东尼·博赞之所以被称为"世界记忆先生"，就是因为他发明的思维导图充分利用了人脑对图像、色彩、线条、关键词等信息的敏感程度，来优先存储我们所学习到的知识内容，从而提高记忆水平。用思维导图梳理知识，也能同样地让我们的大脑优先记住导图上面的内容。

3. 有利于提高学习的效率

　　前面我们已经讲过了用思维导图做笔记的好处，不仅可以节约大量的学习时间，同时还能让学习者全面加深对知识的理解。由于思维导图用高度总结的方式概括了知识要点，提炼出重要的关键词、重点句，重点内容简洁又显眼，而且知识结构一目了然，因此学生在整个学习过程都能集中精力学习最有用的东西，从而有效地提高了我们的学习效率。

 二　用思维导图梳理知识的方法

　　用思维导图梳理知识就是将已经学过的知识内容画成思维导图，其画图的方法与前面讲过的思维导图绘制方法是一样的，所不同的就是需要根据不同复习阶段的不同要求来确定思维导图的内容。

　　用思维导图梳理知识分两种情况，一种是阶段性的复习，另一种是总复习。阶段性复习时梳理知识只需要将当前所学的内容做成思维导图就行了。如果是总复习，那就要考虑其学科知识的系统性了。

　　不管是阶段性复习还是总复习，用思维导图梳理知识都要紧扣教材。特别是总复习时，要先从章节思维导图做起。章节导图做完后再按专题画思维导图，最后还可以按册、按学科画成思维导图。

1. 精读教材，确立内容

　　教材是梳理知识的根本依据，无论是阶段性复习时梳理知识还是总复习时梳理知识，都要紧扣教材。

　　教材备好后还要认真学习，最好结合以前学习时的学习笔记。当然，有思维导图学习笔记会更好。在学习时明确内容体系，弄清内容的基本结构，再动手画思维导图。

2. 分析目录，确立主题和分支

对照教材目录是梳理知识的第一步，课程中所学知识内容的主题往往存在于教材的目录中。这些目录往往就是我们思维导图的主题，目录下面的小标题往往就是我们思维导图的一级分支。

3. 抓住重点，找准关键词

把握教材内容，找出关键词、重点句，精确表达出每一分支的内容和含义，是画好思维导图的重点步骤。由于关键词、重点句很多时候不是现成的，因此需要我们开动脑筋去寻找、去提炼。

一般情况下，重点内容就是关键词，如数理化中的定义、定理、公式等就是关键词。而语文、英语等教材中的关键词则需要我们根据分支的内容去提炼。

4. 完善内容，妥善保存

画一幅理想的思维导图最好先构思，也就是第一遍画出草稿，用铅笔就行，画线条明确关系。第二遍整理和完善思维导图，注意要用彩笔，按手绘思维导图的要求完成相关内容。熟练了就能一次完成，不用再打草稿，也可以用电脑绘制。思维导图画好后，按内容由小到大、由分到总进行分类编号后，妥善保存。

三　思维导图梳理知识应用举例

下面，我们以人教版小学四年级数学下册第5章《三角形》为例，做这一章整理和复习的思维导图。

先画出中心主题：三角形。这里要标明教材的年级和章节，便于保存。

翻开教材，从第80页到85页，共有5个部分。其内容分别是：

1. 三角形的概念；

2. 三角形具有稳定性；

3. 三角形两边之和大于第三边；

4. 三角形的分类；

5. 三角形内角和为180度。

我们用这5条内容作为思维导图的一级分支，并提炼出关键词，再完善相关内容，这张思维导图就画完了。

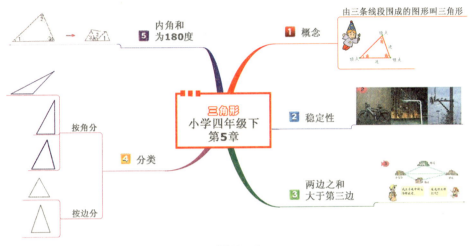

图 10 - 1

以上是按教材章节画的思维导图。下面，我们按专题画一张梳理知识的思维导图。以"平面图形"为例，请看图 10 - 2：

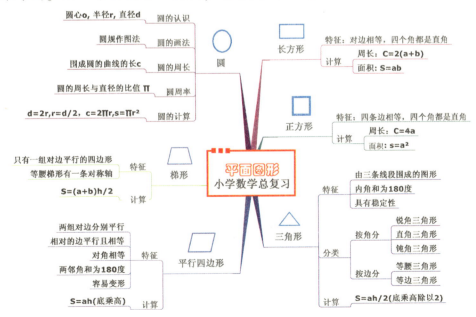

图 10 - 2

以下是几张小升初总复习时同学们做的思维导图。

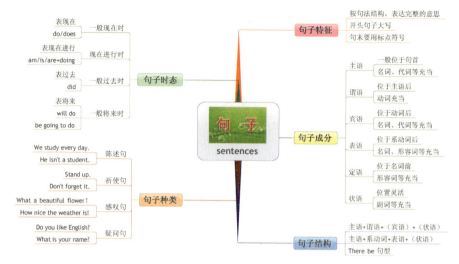

图 10 – 3

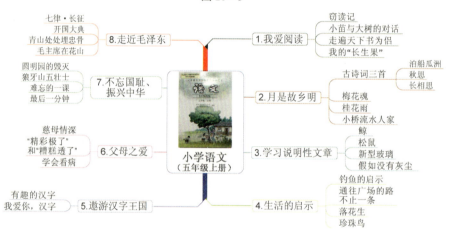

图 10 – 4

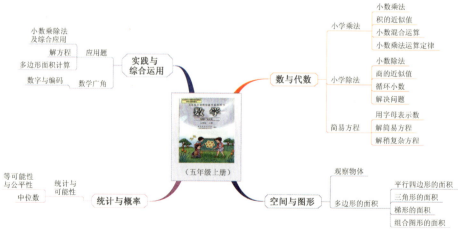

图 10 – 5

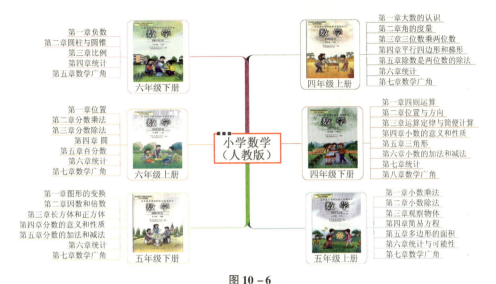

第一章负数
第二章圆柱与圆锥
第三章比例
第四章统计
第五章数学广角
六年级下册

第一章大数的认识
第二章角的度量
第三章三位数乘两位数
第四章平行四边形和梯形
第五章除数是两位数的除法
第六章统计
第七章数学广角
四年级上册

第一章位置
第二章分数乘法
第三章分数除法
第四章　圆
第五章百分数
第六章统计
第七章数学广角
六年级上册

小学数学
（人教版）

第一章四则运算
第二章位置与方向
第三章运算定律与简便计算
第四章小数的意义和性质
第五章三角形
第六章小数的加法和减法
第七章统计
第八章数学广角
四年级下册

第一章图形的变换
第二章因数和倍数
第三章长方体和正方体
第四章分数的意义和性质
第五章分数的加法和减法
第六章统计
第七章数学广角
五年级下册

第一章小数乘法
第二章小数除法
第三章观察物体
第四章简易方程
第五章多边形的面积
第六章统计与可能性
第七章数学广角
五年级上册

图 10－6

本课练习

　　请同学们根据自己学过的内容分别按章节和专题各做一幅整理和复习相关知识的思维导图。

第十一课 | 思维导图软件的使用

思维导图可以手绘，也可以用思维导图软件在电脑里绘制。思维导图软件种类较多，根据不同的用途可以选择不同的软件。适合于中小学生用的软件主要有 imindmap 和 Mind-jet MindManager 两个系列。

一 imindmap7.0 的使用方法

1. 确立中心主题

思维导图软件 imindmap7.0 的桌面图标，见图 11 – 1。

图 11 – 1

双击图标，会出现以下界面，见图 11 – 2。

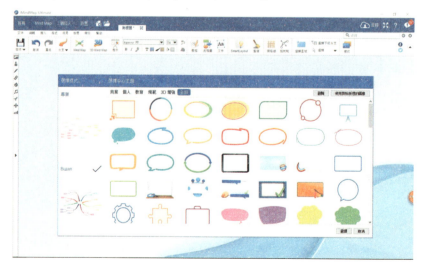

图 11 – 2

假如我们选中了一个图，鼠标左键双击，就会出现（或选中后，用鼠标点击上图右下角的"选择"），见图11-3。

图11-3

再双击就会出现，见图11-4。

图11-4

我们从中输入自己的主题，如图11-5。

图11-5

注意，在输入主题过程中，文字需要另起一行时，按住"Shift"敲"回车"键就行了。

2. 建立一级分支

下面开始建立一级分支。先将鼠标移到主题中心的地方，鼠标左键按住黄色扇形区，向外拖动，就会出现一个分支，如图11-6。

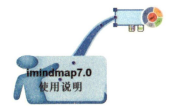

图11-6

如按住红色圆形区，向外拖动，则出现图11-7。

图 11 - 7

同样反复操作，就会出现不同颜色的多个分支，见图 11 - 8、图 11 - 9。

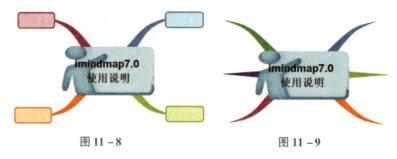

图 11 - 8　　　　　　　　　　　　图 11 - 9

如果你想去掉某个分支，只需要用鼠标点击（选中）这个分支，再点击"编辑"工具栏中的"删除"或直接敲击键盘上的"Delete"键即可。

3. 输入文字

下面我们再来在分支上输入文字。先将鼠标移到要输入的分支上，再双击，就会出现文字框，如图 11 - 10。

图 11 - 10

我们在 8 个分支中分别输入文件、编辑、插入、格式、布局、检阅、显示、帮助等软件工具板块名称，然后再来分别说明每个工具板块中不同工具的使用方法和作用，见图 11 - 11。

图 11 – 11

4. 建立下一级分支

在用思维导图软件绘制思维导图的时候，对分支和级别的个数没有限制，软件支持使用者建立任意数量的分支或级别。

二级分支的画法和一级分支类似。先将鼠标移到一级分支的末端中心的红圈内，按住左键向外拖拽，即会得到相应的分支，见图 11 – 12。

图 11 – 12

在二级分支上输入文字的方法与前面讲的相同。要注意，相应的文字是附在分支上的，因此，文字（也叫关键词）一定不能多，必须精炼，而且要能表达本意。

5. 分支的布局调整

（1）增加分支和移动分支

我们将鼠标移到任何某一分支末端时，都会出现一个圆形的环套图案，这个图案中，内圆是红色的，鼠标放在这里，按住左键拖动可以任意增加分支，见图 11 – 13。

图 11 – 13

环形圆还有一部分是黄色，将鼠标放在上面，按住左键拖动会出现有文字框的分支，见图 11 – 14。

图 11 – 14

环形圆还有一部分是蓝色的，将鼠标放到蓝色里按住左键，则可以任意移动整个分支的位置，见图 11 – 14。我们试试看。

图 11 – 15

（2）调整分支曲线方向

思维导图的分支一般要求是曲线。软件中专门设计了这样的功能。只要将鼠标移到分支上，分支上就会出现一些圆白色的调节点，如图 11 – 16。

图 11 – 16

将鼠标移至白点上，按住左键拖动，就可以调整分支的曲线方向。如图 11 – 17 所示：

图 11 – 17

（3）分支的显示和隐藏

我们将鼠标放在某分支上，出现图 11 – 18 （a），图中红色箭头所指的白色“—”号即为隐藏图标。点击此图标，后面的分支便会被隐藏。如图

11-18（b）所示：

（a）　　　　　　　　　　　（b）

图 11-18

如再点击图 11-18（b）蓝色圆圈里的白色"+"，则后面的分支又重新显现，如图 11-9 所示：

图 11-19

6. 主要工具的使用

该软件的主要工具有文件、编辑、插入、格式、布局、检阅、显示和帮助等，同学们只要逐个点开看一看、试一试就都知道了，这里就不必一一讲解了，见图 11-20。

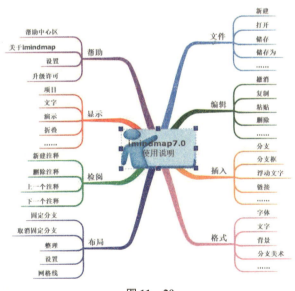

图 11-20

以上介绍的是本软件的一些常用功能。

同学们在使用时要注意先要选中你编辑的主题或分支，涉及全图的变化和布局调整要选择中心主题，其他只要选中对应的分支就行了。

其实软件中的每一个工具都有不同的选择途径，特别要注意鼠标右键的使用，有时会更快捷。

 二 **Mindjet MindManager15.0 的使用方法**

1. 打开软件，输入主题

Mindjet MindManager 软件在桌面上的图标，见图 11-21：

图 11-21

双击图标，打开软件，界面，如图 11-22：

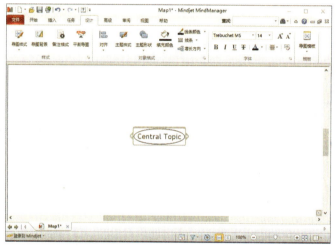

图 11-22

单击中心主题，即可输入文字。如我们输入"思维导图软件使用简介"，会出现图 11-23：

图 11-23

然后在桌面上单击鼠标左键会出现图 11-24：

图 11-24

如果你认为标题过长，要排两排，可以在选中主题的前提下将光标移至文字的相应位置，按住 ctrl 键，再敲回车键即可，见图 11-25。

图 11-25

2. 添加子主题

首先选中中心主题，即把光标移至中心主题上，点击一下，有蓝色框框住主题时即为选中，见图 11-26。以下所有操作都要首先选中相应的主题。再将光标移至工具栏"开始"板块中的"新建子主题"处点击一下，（或者在下图蓝色框的三角尖上单击）就增加了一个子主题，见图 11-27。

图 11-26 　　　　　　　　图 11-27

子主题建几个，要根据中心主题的内容来确定，但太多了也不好，因为人的关注度会有一定的限制。

绘图时增加一级分支的方法很多。可以按以上方法选中中心主题后，点击"新建子主题"，也可以选中一级分支（中心主题的子主题）后，点击工具栏中的"主题"，还可以在选中一个同级分支后敲回车键。如图 11-28：

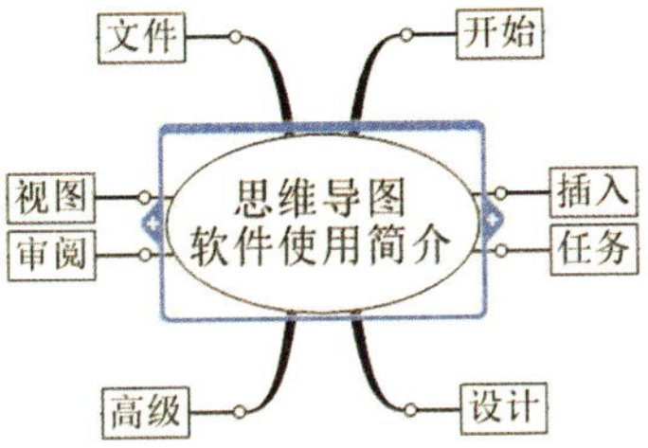

图 11-28

3. 选择导图样式

软件中思维导图的样式很多，样式不同，导图的结构不同。确定选择什么样式，一是根据导图表达的内容来确定，二是根据做图者的喜好来选择。

选择导图样式的操作过程如下：

先选中中心主题，再在工具栏目录中点击"设计"。

图 11-29

这时工具栏中会出现"导图样式""导图背景"等内容,从中可选择导图样式。

我们从导图样式中进入,会出现:

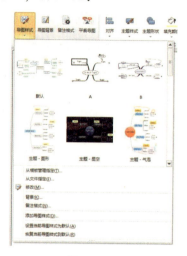

图 11-30

滑动滚动条,这里有 20 个样式,可根据需要选取。

如果你对这些样式都不满意,还可以"从模板管理指定"中去选。点击后会出现:

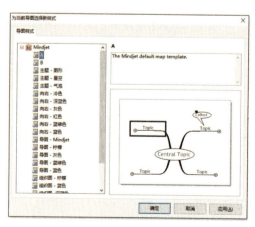

图 11-31

这里边会有更多的样式供我们选择使用。

4. 更改主题格式

更改主题格式就是使各级主题变得更美观。先选中中心主题，在工具栏中点击"主题形状"，就会出现：

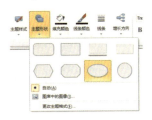

图 11－32

上面有 8 种图案供选择，如我们选择第一个"圆角长方形"为中心主题格式，点击一下，导图就会变成：

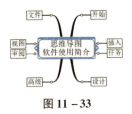

图 11－33

如果你对上述图案都不满意，还可以打开"图库中的图像"，这时界面右边就会出现很多不同的形状供选择。假如我们选中了下图中的形状

图 11－34

这时导图就变成了：

图 11 – 35

一级分支也可以用同样的方法进行更改。

点击"自定义图像"选择你喜欢的主题图案，再点击"确定"，可以达到同样的效果。这里面可以完成许多相应的操作。

5. 选择线条颜色和样式

思维导图的线条要求是彩色的，一个分支一个颜色，而且两个相邻的分支颜色应不相同。这样做的目的是为了体现内容的系统分类和便于记忆，充分体现思维导图的优点和特色。

我们选定导图的一个一级分支，然后点击工具栏中的"设计"，再点击其中的"线条颜色"，就会出现：

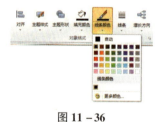

图 11 – 36

从中选择你喜欢的颜色就行了。按上述方法，我们完成了对导图 8 个分支的颜色选择。

图 11 – 37

线条样式的选择也会给导图增加无穷的魅力。这一操作，先要选中中心主题，再从工具栏中打开"线条"，选择"主题连线样式"，如下图：

图 11－38

　　你不妨把每一种样式都点开看看，最后确定你喜欢的线条样式。如果我们选择了"斜角折弯"这个样式，导图如下：

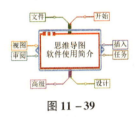

图 11－39

6. 逐个完成导图上各个分支的内容

　　完成和完善思维导图的其他内容，需要使用思维导图软件各种功能。这些功能包括文件、开始、插入、任务、设计、高级、审阅、视图等8个功能模块。如下图，使用者只需要将不同板块打开，逐个试用一下，就会使用了。

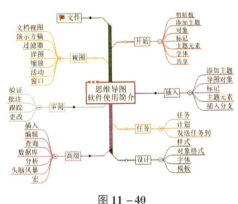

图 11－40

　　以上就是我们对思维导图软件 Mindjet MindManager15.0 主要功能的一些介绍。这个软件的功能非常强大，同时版本也在不断升级。相信同学们能熟中生巧，只要你喜欢上了思维导图，坚持多学多练，你就能很快成为思维导图软件的使用高手。

第十二课 养成用思维导图的习惯

要想真正学会并使用思维导图，必须对思维导图有一个全面客观的认识。在此基础上，才能将思维导图变成我们学习和生活的一部分，才能让思维导图成为我们学习和生活必不可少的工具，才能让我们真正从思维导图中获益。

为此，我们提出了正确看待思维导图的十种认识、坚持运用思维导图的十大好处和成为思维导图高手的十个习惯，希望能对大家学习和运用思维导图有所帮助。

一 正确看待思维导图的十种认识

思维导图作为学习工具和思维工具引入我国已经将近20年了，但时至今天，仍然有很多人对思维导图缺乏正确的了解和认识。有的人甚至把学习思维导图当成一门功课，天天研究如何画思维导图，却忘记了它的工具属性；还有的人认为思维导图高不可攀，学习思维导图是社会精英的事，与自己无关。凡此种种，都是对思维导图的一种偏见，需要我们去正视。

1. 学习思维导图并不难

对于许多没有接触过思维导图的同学来说，大家会认为思维导图是一种高科技的东西。特别是听到"大脑使用说明书""发散思维的工具"和"高材生使用的学习工具"等词后，会让人望而生畏。其实这是一种错觉，学习思维导图并不难。

东尼·博赞先生最初是从一些人的学习笔记中得到启发后才发明思维导图的。应当说，只要是有学习经历的人都画过思维导图，只是我们当时画的思维导图不太规范和标准而已。现在人们对思维导图有了新的定义，规定了思维导图的基本元素和要求。当我们认识到了这一点后，学习思维导图就很容易了。我们只要将平时画得"乱七八糟"的笔记加以整理，涂上颜色和线条，就是思维导图了。

2. 学习思维导图很有趣

思维导图是以图的形式呈现出来的，既有五彩斑斓的颜色，又有各种类型的线条和图案。这些元素对人大脑的刺激特别强烈，非常容易激起人的兴趣。前面我们讲过，人脑更容易对图片进行识别和记忆，而且正确率也非常高。这说明人的大脑对色彩斑斓的图片非常有兴趣，几乎不会产生厌倦情绪。

还有一个原因，思维导图简化了文字，最大限度地用关键词代替了大量繁琐的文字信息。这样便能让大脑产生丰富的联想，这对于要处理同样多文字信息的大脑来说，思维导图要有趣得多。

3. 思维导图的用途非常广泛

大家都知道，思维导图是一种科学的学习工具和发散型思维工具。学习对人的一生来说，是非常重要的。随着社会的进步，新的知识和新的信息层出不穷，仅凭我们从学校里学到的一点知识是永远不够用的。这就是说，学习将伴随我们的终生，思维导图作为一种科学高效的学习工具，每时每刻都能用上。

"思维工具"的用途就更广了，因为人的一切活动都需要经过大脑思维。现在思维导图在企业管理、活动策划等众多领域的应用相当活跃，几乎人的一切活动都能用上思维导图。

4. 思维导图是工具，使用就会有收获

许多人在学习思维导图时总是强调对思维导图的理解，怎样画才合乎要求，其实这是片面的。思维导图是工具，只有用起来，才会有收获。如果我们总是停留在理解和绘制的层面上，那么不仅不会给我们带来实效，还会消磨我们学习思维导图的意志，削弱我们学好思维导图的信心。所以我们说，学习思维导图时，应用是关键，同学们可以边应用边规范，应用了就会有收获。

5. 思维导图将会很快流行起来

据不完全统计，目前全世界有大约 6 亿人在使用思维导图。这其中就包括比尔·盖茨、迈克尔·戴尔、巴菲特、李嘉诚等。

思维导图在教育领域的应用更为广泛。西方发达国家如英国、美国、加拿大等，包括我们周边的日本、韩国、新加坡、澳大利亚、新西兰等国家也都把思维导图作为必修课引进到了中小学。

思维导图在我国的传播稍晚一些。最初是 1998 年科利华公司通过《学习的革命》这本书把思维导图介绍给了普通的国人。北京地区是接受、研究和应用思维导图最早的地区，如人大附中二分校、海淀实验小学等，研究和应用思维导图已经有 10 多年的历史了。东尼·博赞曾先后 4 次应邀来北京讲学，介绍和推广思维导图。

我国推广思维导图虽然起步较晚，但近些年发展势头很猛。大家只要到新华书店去看一看，特别是中小学的畅销书中，有关思维导图的书很多。相信在不久的将来，思维导图在我国会很快流行起来。

6. 思维导图是大脑使用说明书

早在 2005 年 4 月，外语教学与研究出版社出版了由张鼎昆、徐克茹翻译的思维导图，书名就叫《思维导图——大脑使用说明书》。之所以人们称博赞先生的《思维导图》为"大脑使用说明书"，是因为博赞先生发明的思维导图具备了开发人全脑功能的能力。这一发明不仅填补了人类在大脑使用方面的缺陷，而且具有广泛的实用价值。

因而美国《时代》周刊评价说：东尼·博赞的思维导图"对头脑的贡献，就像霍金对宇宙的贡献那么大"。英国《泰晤时报》也评价说："思维导图让人们重新认识了大脑，就像霍金让人们重新认识了宇宙。"

7. 学会思维导图，能让人终生受益

学习思维导图对中小学生来说，并不是权宜之计。有的同学可能认为学习思维导图是为了当前的学习，或者是为了中考和高考。其实不然，我们学习思维导图，是为了让同学们掌握这种学习方法和思维工具，提高自己的思维品质，也就是说，是为了使我们变得更聪明。一旦掌握了这种方法，不仅

对你当前的学习有帮助，而且还会让你受益终生。

8. 思维导图是未来最好的教学工具

有的同学和老师可能对学校推广和使用思维导图有些疑虑，认为上级教育主管部门并没有下文推广这种方法，怀疑其价值和科学性。其实客观实际并不是这样，华东师范大学教育信息技术系主任张际平教授说过："思维导图是国际上公认的学习工具，它实现了记忆图像化、思维可视化、知识结构化、解题模型化的学习模式。它可以使学生的学习效率提高数倍，是一项极具推广价值的教学技术创新成果。"

任何一种新成果的推广和普及，都会有一个认识和实践的过程。思维导图作为一种教学技术创新的成果，在不久的将来，一定会得到大量的推广和普及。

9. 思维导图男女老少都能学

学习思维导图并不只是中学生和小学生的事，老师、家长、大学生等不同阶层的人员都能学。这是因为不仅思维导图对每个人都有用，而且每个人都能学。学习思维导图不需要太多的文化基础，能识字，有自己的想法就行了。实际上人类是先会画"思维导图"，而后才会识字的。至于身边有没有电脑，会不会使用电脑，这些对学习思维导图都不重要。所以我们说，无论是小学生还是大学生，无论是家长还是老师，都有必要而且能够学会思维导图。

10. 应当养成用思维导图的学习习惯

我们都知道，行为养成习惯，习惯形成性格，性格决定命运。思维导图由其属性所决定，无疑会给我们带来"正能量"。因此，无论是中小学生还是其他人，应当将使用思维导图成为我们学习和生活的习惯。只有这样，我们才能更好地学习和运用思维导图，才能使自己早日成为思维导图的高手，才能使自己的生活变得更幸福。

二　坚持运用思维导图的十大好处

坚持运用思维导图确实能给我们带来许多变化，特别是在学习和工作领域，会让我们有"高人一等"的感觉。具体来说，有以下十大好处。

1. 能节省学习时间，让你精力充沛

用思维导图能节省时间是显而易见的。就学习过程来说，仅做笔记一项，用思维导图就能节省80%以上的学习时间。还有，用思维导图解题，特别是解难题，会节省大量时间。时间在任何时候都是非常宝贵的，过去我们都有一些体会，考试不好的一个普遍原因就是时间不够用。这是为什么呢？时间都去哪儿啦？仔细一想我们才知道，很多时间都被我们花在找解题思路上了，有时候会走很多弯路，浪费大量的时间，还是做不出来。而用思维导图的模型解题，就会减少很多思维弯路，为我们节省宝贵的解题时间。

不仅在学习上如此，在工作上也是这样。波音公司用思维导图设计波音747工程手册，仅6个月就完成了一年的工作，为公司节省了一千多万美元。类似的事例很多，我们就不一一列举了。

2. 能提高学习兴趣，让你流连忘返

用思维导图确实能提高我们的学习兴趣，这里面有两个方面的原因：一是思维导图充分利用了人右脑对色彩、图片的识别功能，"投其所好"，积极顺应和保持了大脑的兴奋状态，因而让我们对此类学习有兴趣；二是思维导图能够将大量的文字信息简化成关键词，化繁为简，减少了学习难度，延缓了大脑的疲劳时间，因而达到了保持学习兴趣的效果。

前面我们提到过用思维导图做学习计划，能够减少80%以上的文字表述，而且计划内容还一目了然。这就会让以往不愿做学习计划的同学变得愿意做计划了，这也可以理解为我们对做学习计划产生了兴趣。

3. 能提高写作水平，让你文如泉涌

前面我们讲到了用思维导图构思作文，并提供了构思模型。以往我们很多同学不会写作文，怕写作文，看到作文题目后不知从什么地方下手。原因

是什么？原因就是没有写作思路，不知从何处着手。还有的是写了上句无下句，写了上段没下段，什么原因？也是因为没有思路。用思维导图构思作文，特别是在明确了作文要素后，通过构思模型，很容易就会明确主旨，理清思路了。就算再不会写作文的同学，也知道从什么地方开始下笔了。

4. 能提高表达能力，让你滔滔不绝

　　一个人的表达能力在某种程度上来说与这个人的写作水平有关，当然这也不是绝对的，有的人会写文章，但不善于表达。但是，善于表达的人，则一定是有思路和会写文章的人。

　　思维导图对表达者的帮助主要是能帮助其构思表达内容。如果你用思维导图做演讲提纲，你的演讲就不会跑题了，而且你演讲的主题一定会很突出。因为思维导图的内容都是围绕中心主题展开的，所有的分支内容都是为主题服务的。你要是写上与主题无关的内容，思维导图会自然地"拒绝"。

　　用思维导图做演讲提纲，不仅不会让你跑题，还会让你的思维更全面，条理更清楚，层次更分明，逻辑关系更清楚。还有就是用思维导图做的演讲提纲，能让你一目了然，不用总是低着头看稿、背稿。思维导图演讲稿还能让你在演讲时产生合理的联想，使你的讲演内容变得更丰富、更精彩。

5. 能提高记忆水平，让你过目不忘

　　记忆是过去经验在头脑中的反映，是在头脑中积累和保存个体经验的心理过程。它包括识记、保持、再认或回忆三个基本过程。从信息加工的角度来看，记忆是人脑对外界输入的信息进行编码、存储和提取的过程。

　　记忆是智力因素的重要组成部分。一个人记忆能力的强弱，直接关系到他学习能力的高低。古今中外所有的名人，都是具有超强记忆力的人。

　　人的记忆水平有遗传因素的影响，但更多的还是人们在后天的学习中形成和发展起来的。如果你掌握了科学的学习方法和记忆方法，你的记忆水平就可以得到更快的提高。

　　东尼·博赞先生被称为"世界记忆之父"，他还成立了世界记忆协会等相关组织，组织了多次世界记忆锦标赛。"世界记忆之父"为什么会是他呢？这不仅是因为博赞先生帮助哈里王子提高了记忆水平，更是因为他发明的思维导图推动了全人类记忆水平的提高。思维导图就是一个能帮助我们提高记

忆水平的好方法。

6. 能提高学习效率，让你事半功倍

思维导图是一种高效的学习方法，这一点已经被全世界所公认。特别是在大学里，很多高材生都在用思维导图。

用思维导图学习之所以能提高我们的学习效率，原因为：一是它能够让我们节省很多的学习时间；二是它能够让我们提高记忆水平；三是它能够帮助我们正确理解知识内容；四是它能够给我们提供科学的思维方法，让我们在思考问题时少走弯路，直达目标。

7. 能提高考试成绩，让你心想事成

在本书里，我们介绍了爱德华·休斯同学用思维导图备考的故事，这足以证明用思维导图学习可以提高我们的考试成绩。

中国科学院教授、博士生导师、我国高考研究第一人王极盛老师通过对全国400多名高考状元的研究，提出了一个公式：考试成绩＝实力＋心态。王老师这里说的实力，就是学生平时的学习基础和分析问题解决问题的能力。而用思维导图学习不仅能够帮助学生提高分析问题和解决问题的能力，还能通过提高学习效率、培养学习兴趣等优势增加同学们对考试取得好成绩的信心，从而更好地发挥个人潜能，取得好的考试成绩。

8. 能提高组织能力，让你高人一等

一个人的组织能力主要表现在他对集体活动的策划和管理上。比如说，学校要组织一次演讲比赛、一次元旦晚会、一次春游等，要由你来策划和实施。一般来说，组织者要先拿出活动方案，活动方案既要达到预期目标，又要因地制宜考虑各方面的因素。以往的解决办法就是先开个"诸葛亮会"，也叫"碰头会"，以便集思广益。但由于到会人员经历的不同，有时也是顾此失彼、漏洞百出。

要是你会用思维导图那情况就不同了，思维导图专门有一个功能叫做"头脑风暴"，它用发散思维的方式先是鼓励大家把所有的问题都提出来，再进行归类和提出解决办法。特别是当你形成了这样一种思维模式以后，不管遇到什么事情，你都会从不同的侧面去分析问题。你的想法自然就会变得很

全面，显得高人一等。

9. 能提高思维品质，让你与众不同

　　人的思维品质主要包括思维的广阔性、思维的批判性、思维的深刻性、思维的灵活性和思维的敏捷性。思维导图作为以发散型为基础的思维工具，对提高人的思维品质有着非常重要的作用。

　　思维导图以发散型思维为基础，激励联想，抵制片面，让思维具有较强的广阔性；思维导图以提炼关键词为核心，对不必要的内容进行筛选，对不准确的词句进行推敲，具有较强的批判性和深刻性；思维导图向四周发散，用线条和关键词激发联想，具有一定的灵活性和敏捷性。当你长时间用思维导图以后，你就会自然地养成良好的思维习惯，就会显得比一般的人聪明，显得与众不同。

10. 能开发大脑潜能，让你聪明过人

　　思维导图之所以有如此这般的功能，是因为它是关于人脑的科学。科学研究表明，人的大脑有约一万亿个脑细胞，其功能十分巨大，一般的人只发挥了大脑功能的1%左右，就是大家公认的大脑最发达的科学家爱因斯坦，其大脑功能也只利用了5%左右。

　　科学研究还表明，人的大脑有左右之分。而现在人类学习和工作活动的绝大部分负荷都是由左脑承担着。也就是说人的右脑还有特别特别大的空间需要我们去开发和利用。

　　而思维导图正是利用了人的右脑对图片、色彩等特别敏感的功能，并将其工具化后运用到人们日常的学习和工作中。如果你能坚持使用思维导图数年，你必然会变得聪明过人。

三　成为思维导图高手的十个习惯

让应用思维导图成为习惯，对中小学生来说非常重要。到目前为止，我们已经不怀疑思维导图的功能和作用了。那么，怎样才能让这样好的学习工具和思维工具为自己所用呢？这就需要我们经常去学习它、使用它，让用思维导图成为我们生活的一部分。只有这样，才能成为思维导图的高手，才能感受思维导图给我们带来的超越。

习惯是由对行动有规律的重复形成的。为了能让同学们养成使用思维导图的习惯，我们提出了以下 10 项行动要求，希望对同学们有所帮助。

1. 在教室、寝室和家里备好画思维导图的工具

绘制思维导图的工具很简单，实际上就是纸和笔，但我们的要求要适当专业一点。纸最好是没有格式的白纸，因为有格式的纸会限制我们的思维，纸张的大小以 A4 为标准最好，但这也不是绝对的。笔，除了我们上课写字用的笔外，最好配上彩色笔，有 4 种以上不同的颜色就行了。以上纸和笔至少要在教室、寝室和家里各备一套，以便随时取用。

2. 坚持用思维导图做课堂笔记和读书笔记

用思维导图做课堂笔记和读书笔记同样需要准备白纸，没有格式的练习本也行。开始时有的同学可能不习惯，但没有关系，坚持一段时间就习惯了。

3. 坚持用思维导图构思作文和演讲稿

前面我们讲了用思维导图构思作文的方法，在我们写作文前用思维导图来构思没有障碍。每个人写作文前都有一个构思的过程，在这个过程中用思维导图比用别的方法构思更简单、更有头绪。只要我们用过了，就会自然地选择这样的方法。

演讲稿的准备和写作文基本一样，同样需要先构思，后成文。但演讲稿和作文也有不一样的地方，那就是在演讲稿成文以后，在演讲前还要画思维导图，这时的思维导图可以起到演讲提纲的作用，同时还能帮助我们记忆和

联想。

4. 坚持用思维导图梳理知识来复习备考

复习备考的主要任务就是对已经学过的知识进行全面梳理，强化记忆，进一步加深理解，提高运用水平和能力。而思维导图作为学习工具和思维工具，其知识梳理、强化理解和记忆的作用非常显著。只要我们理解了思维导图，就会自然地运用思维导图复习和备考。

需要注意的是，同学们不仅大考时要用思维导图复习备考，平时学习时也要用思维导图梳理知识以便复习巩固。

5. 坚持每天至少画一张思维导图

每天画一张思维导图并不难，难的是要持续坚持。如果你已经形成了在学习、工作和生活中使用思维导图的习惯，那画一张思维导图就不是问题了。

6. 坚持随身携带思维导图并利用零散时间复习

随身携带思维导图有两个作用：一是随身携带思维导图能及时提醒我们要重视和关注思维导图；另一个作用则是随身携带思维导图能让我们利用零散的时间进行学习和复习。这种习惯一旦养成，同样能让我们受益终生。

7. 将重要思维导图张贴在显眼的地方

重要的思维导图指的是与我们近阶段学习生活密切相关的思维导图，如学习计划思维导图、作息时间思维导图、与课堂学习进度一致的学科内容思维导图等。当然这些内容可以根据时间的变化和学习任务的变化而改变。

这些思维导图需要张贴在显眼的地方，如课桌上、床头旁等，其目的是为了让自己能够经常看到。这样做一方面可以进一步强化我们对思维导图的印象，另一方面是为了让我们及时关注思维导图上的内容。

8. 坚持每天与老师或同学沟通和交流思维导图

与他人沟通和交流思维导图要注意沟通和交流的内容和方式。沟通交流的重点应当是导图上的学习内容，而不是怎么画思维导图。通过沟通和交流，双方进一步加深对学习内容的理解和认识，相互取长补短，这样才能对我们的学习提高有帮助。

9. 每晚睡觉前复习或回顾思维导图

利用睡觉前的时间回顾一下当天的学习内容，这是一个非常好的学习习惯，很多学习好的同学都是这样做的。在没有学会思维导图以前，我们睡觉前复习和回顾的内容是教材、笔记。现在我们有思维导图了，就复习和回顾思维导图，这样学习效率会提高许多。

10. 有序保管好自己的思维导图

保管好自己已经画好的思维导图很重要。这样做一方面是为了今后的复习，另一方面是为了总结提高。

保管好自己已经画好的思维导图有一定的难度，需要我们有好的方法和耐心。开始时，思维导图不多，比较好保管，但时间长了，图就多了，而且都是散的，不像练习本一样自然在一起，这样就会比较容易乱。在这里，同学们可以采取一个简单的保存方法，叫"筛选分类保存法"。一是筛选，分清草稿和成品，如果当时不好分，可以先归入草稿类，待一周以后再定；二是分类，按学科编号，按主题编写目录；三是保存，使用专门的文件夹和资料袋保存。保存起来的思维导图最好每月整理一次，每学期做一次归档。

养成用思维导图的习惯对中小学生非常重要。这不仅需要我们对思维导图有一个全面正确的认识，同时还需要我们有一个好的行为导向。如果我们明白了以上内容的含义，并能按照以上要求去实践，相信在不久的将来，同学们一定能够成为心想事成的人。